50歳から8か国語を身につけた翻訳家の独学法

宮崎伸治

青春新書
INTELLIGENCE

はじめに

私が読者にぜひお伝えしたいことは、外国語学習はいいことだらけということです。受験や就職・転職に有利である、ビジネスにつながる、といった実利的なメリットだけでなく、本当に素晴らしいことがたくさんあります。

私が12年前に英語のほかドイツ語やフランス語、中国語……と多言語学習を始めて以来、1日も学習を怠っていないのも、外国語学習の素晴らしさに目覚めたからです。

〝実利を超えたメリット〟とは、海外の作品が楽しめるとか、外国人と会話ができるだけではありません。

外国語学習をすれば、驚くほど頭が良くなります。

脳が一生懸命働くので、脳に十分な血液が流れ、脳を若々しく保てます。

学習のしかたしだいでは「言語的寛容性（詳しくは第7章）」が身につき、他人とコミュニケーションをはかるときに誤解が減ります。

また他人から何を言われても傷つきにくくなります。

その結果、人間関係が良くなります。

さらに、新しい外国語ができるようになれば、「できないと思っていたことでも努力すればできるようになる」という自信が生まれます。その成功体験は、外国語以外の「未体験のもの」や「異質なもの」に対しても心を開かせてくれるのです。

実際、私は多言語学習を始めて以降、聖書、古典、ピアノ、デッサン、漫画、イラスト、ジャグリング、ルービックキューブなど「未体験またはそれに準じること」に次々と挑戦するようになりました。

外国語学習は「未体験のもの」や「異質なもの」に対する免疫をつけるうえでも、うってつけなのです。

「でも私はもう年だから……」と諦める必要はありません。

何歳からでも外国語は習得できます。

発達脳科学の専門家・加藤俊徳《としのり》氏によれば、「10代や20代の若者も、70代や80代の高齢者も、同じように脳は成長」するのだそうです。

外国語学習を始めるのは若いうちに、と思いがちですが、言語学者の竹内理《おさむ》氏によると、じつは年齢以外にも多くの要因が関与しており、成人後でも相当高いレベルまで上達可能といいます。

私自身、大学の第二外国語だったドイツ語を本格的に学び始めたのは50歳以降でしたし、フランス語、イタリア語、スペイン語、中国語、韓国語、ロシア語はすべて50歳以降に、ゼロから始めました。

しかも私は、日本生まれの日本育ち。大学で英会話の授業を受けるまで、一度も外国人と話したことすらありませんでした。

1990年代に大学院留学でイギリスに2年滞在しましたが、帰国後は海外に行っていません。

つまり本書は、生粋の日本人による、生粋の日本人のための外国語学習推薦書なのです。

外国語学習に関する本は、すでにたくさん出版されています。

どの著者も本人がたどってきた道を振り返りながら論じる傾向が見受けられます。しかし、海外に滞在していた人、日ごろ外国人と接している人、仕事で外国語を使っている人などは、普通の人とは環境が異なりすぎています。

また外国人著者の中には非常に多くの言語をマスターした人がいますが、日本人とはもともと言語事情が異なりすぎています。そのような著者が提唱する学習法は、しょせん高嶺の花。到底真似できる代物とは思えません。


その点、私はまわりに外国人がいたわけでもありません。しかもフランス語、イタリア語、スペイン語、中国語、韓国語、ロシア語は、完全に独学で開始し、現地に行ったこともありません。そういう点では多くの読者と似た環境にあります。

そのような私が見いだした学習法であり、私自身が12年間、1日も休まず続けているのですから、多くの人に参考にしてもらえると自負しています。

特に自信があるのは「継続力」「怠け心に打ち克つ力」「語彙力≒読解力」です。

巷では〝魔法の杖《つえ》〟があるかのような宣伝文句がもてはやされますが、語学に魔法の杖はありません。

「100」の時間・労力がかかることは「1」ですまないのです。

ただ、「100」を「80」や「70」くらいにまでなら軽減できる、というのが私の考えです。それは〝魔法の杖〟よりも〝コツ〟といえるものです。

長年の学習によって得た私独自のコツを、本書で公開します。

私が提唱する学習法が万人に適しているとは言いませんが、しかし大いに参考にしてもらえると自負しています。ご自身に合った学習法を見つけ出してもらえれば幸いです。

宮崎伸治

目次

50歳から8か国語を身につけた翻訳家の独学法

第2章 学び続けるコツ

第5章　多言語に手を広げるコツ

第6章 外国語を学べば頭が良くなる

第7章 多言語を学ぶと人間関係もうまくいく

カバーイラストレーション　turn_around_around－stock.adobe.com
本文デザイン・ＤＴＰ　株式会社キャップス

序章

私が50歳で学び始めて8か国語を身につけるまで

40代最後に起こった、人生を変える出来事

学生時代、私は偏差値の高い学校に進学したいがためだけに、英語学習に励んでいました。英語学習の楽しみがわかっていなかったのです。

そんな私も21歳のときに翻訳家になる夢が芽生え、通信教育を3年受講し、27歳から企業内でビジネス文書の翻訳をするようになり、34歳のときに出版翻訳家デビューを果たしました。

しかし当時を思い返せば、翻訳家になった後も「お金儲けにつながるから」と英語を学んでいたにすぎません。

その後も英語力不足に悩まされ続け、ひたすら英語一本の道を歩みました。英語でさえまだまだなのに、他の言語に手を出すなんてもってのほか、という心境でした。

ところが出版翻訳家として働いているうち、私はさまざまなトラブルに巻き込まれ、何度か裁判沙汰になり、とうとう出版業界から逃げ出しました。

ただ、中年ニートになりたくなかった私は、通信教育課程を利用してさまざまな大学に

籍を置いて学問に励むことにしました。ニートとは「学業も仕事もしない人」ですが、大学で学んでさえいればニートにはならないからです。

40代の10年間で大学の学位を5つ取得したので、相当な勉強家のように思われることもありますが、中年ニートになることから逃れるために大学に籍を置いていたというのが実情でした。

そんな大学生活を送っていたある日、人生を変える出来事が起きました。図書館に籠《こ》もってロンドン大学の指定図書にのめり込んでいると、感電するかのような衝撃を受けたのです。

（外国語の本が読めるってすごいことだ。

19世紀に地球の裏側に住んでいた人が書いた本でも、ダイレクトに理解できる。

つまり外国語が読めれば、時空を超えることができる。

でも、外国語の本が難なく読めるには語彙力が必要だ。

逆に言えば、語彙力さえつけば外国語の本が読める。

そうだ、やってみよう。語彙力を徹底的に磨けば、ドイツ語もフランス語も読めるようになるはずだ。そうすれば過去に生きたドイツ人やフランス人とも〝対話〟ができるのだ)

当時すでに50歳まで残り数か月でした。

その日以来12年にわたって、1日たりとて外国語学習を怠っていません。

その間に作った単語カードは約900束。

ドイツ語は大学の第二外国語で履修してはいましたが、フランス語もイタリア語もスペイン語も中国語も韓国語もロシア語もまったくのゼロからスタートでした。

その私を根底から支えた信念は、

「外国語の書籍は語彙力を徹底的に磨けば読めるようになる。外国語が読めれば、過去に生きていた海外の偉人たちとも〝対話〟ができる」でした。

現在、保持している資格は、英語は、英検1級やオックスフォード大学英検上級など、20種類以上。

ドイツ語は、独検2級、オーストリア政府公認ドイツ語検定B1レベル。

フランス語は、仏検準2級、TCF・B1レベル。

イタリア語は、伊検3級。

スペイン語は、西検4級。

中国語は、HSK5級、中検3級。

韓国語は、ハングル能力検定5級、TOPIK（韓国語能力試験）1級。

ロシア語は、ロシア語能力検定4級。

各言語のプロから見れば、たいしたことのないレベルだと自認しています。

それでも自信をもって言えるのは、

「50歳から独学で学習を開始しても、中級レベルに到達できる」ということです。

そして中級レベルに達すれば、驚くほど素晴らしい可能性が開けてきます。

「しゃべれなければ意味がない」と言う人もいますが、そんなことはありません。普通に生活していたら（仕事で外国語を使う人、または身内に外国人がいる人を除いて）、しゃべらなくてはならない状況はほとんどありません。

学校やサークルに所属しない限り、しゃべる機会などほぼ作れません。東京のど真ん中に住んでいる私自身、英語を話す機会すら皆無に等しいのですから……。

一方、外国語を読んだり聴いたりできれば、いくらでも読んだり聴いたりする機会が簡単に作れます。それによってさまざまなメリットが享受できます。たとえば、頭が良くなる、人間関係が良くなる、新しいビジネスチャンスが開けてくる……。私が読者に知ってほしいのはその点です。

学ぶ楽しさは「中級レベル」から急増する

私自身の客観的指標を赤裸々に告白したのは、次の2つの理由からでした。

一つは、私の実力を客観視してもらいたいからです。

「多言語をマスターした」と豪語する人の著作は多いですが、そのほとんどは客観的な指標を示していません。「英検1級」などの検定名も書いていなければ、外国語で執筆した論文名も書いていません。

「この人の実力ってどの程度なのだろうか。何十かのフレーズを覚えて現地の人と会話した言語も含めているのでは？」と思ってしまいます。

そこで私は自分が合格した検定名を示したのです。たとえば「英検1級を取得しています」と、「私は英語ができます」とではワケが違ってくると思うからです。

もう一つは、高齢になってからゼロから始めても、中級レベルに到達できると知ってもらいたいからです。もちろん若ければ若いほどより大きな可能性があります。

中級レベルに達すれば素晴らしい可能性が開けてきます。

実際、私が多言語学習を始めて8年がたつ頃には、多言語学習に関する講演、コラム連載、著書連載などの依頼が次々と入ってくるようになりました。

２０１４年春には、フランス語の学習参考書を出版できました。実利を超えたメリットを感じたから始めた多言語学習でしたが、実利的メリットも享受できたのです。「いまさら私が新しい外国語に挑戦したところで……」と諦めなければ、可能性が開けることもある、という実例です。

第1章 外国語を学び始めるコツ

外国語は何歳からでも始められる

「この年齢でいまさら外国語なんて、何の意味があるの？　どうせ中途半端で終わるし。海外旅行も英語さえ通じれば十分なのに」

外国語学習に尻込みしている人は、そんなふうに考えているかもしれません。

そこで私は伝えたいです。

外国語学習は、①何歳からでも始められて、②脳トレになり、③飽きず、④自分を高めることができ、⑤少ない費用ですみ、⑥短時間でも楽しめる、という最高の趣味である、と。

脳細胞は生後1～2か月がもっとも多く、それ以降は減っていくだけといわれます。

しかし、50代、60代になっても、身体を鍛えれば強くなるように、脳も鍛えれば強くなります。外国語学習は脳に負担がかかりますので、何歳で始めても「脳トレ」になるのです。

原書を読む、朗読を聴く、映画や動画を観るなど、楽しみ方も多様なので、飽きませんし、自分を高めることもできます。12年間、1日も休まずに楽しみながら学習している私がその格好の例です。

さらに、ほかの趣味と比べて、少ない費用ですみます。たとえばゴルフが趣味なら、コースを回るにはそれなりにお金がかかります。天候に左右され、まとまった時間やメンバーも必要です。

一方、外国語学習は自由がききます。無料動画は山ほどありますし、本の値段などたかが知れています。というのも、外国語の本は日本語の本のようにスイスイ読めるものではないので、たくさん買うことにはならないからです。年間10万円もあれば十分という人がほとんどでしょう。

また、天候に左右されず、短時間でも楽しめる方法がたくさんあるのです。

AI時代にわざわざ学ぶ理由とは

「なぜ英語を学ぶのか?」

この問いに、あなたはどう答えますか？

学生なら「必須科目だから」「偏差値の高い学校に行くため」「良い会社に就職するため」など、社会人なら「英語がしゃべれたらカッコいいから」「海外旅行で現地の人と話したいから」「失業しても英語ができれば仕事が見つかりやすいから」などが挙がるでしょう。

学ぶ目的が明確か否かで、学習の効果は変わってきます。同じ時間と労力を割いて学習しても、雲泥の差が出るのです。

じつは、この手の質問には、昔から多くの著名人が意見しています。英語を学ぶ理由から、学ばなくてもいい理由まで、さまざまです。

学ぶ理由の一例として、英語教育者の中津燎子《りょうこ》氏は、「世界共通語の英語を知らなければ、生きてゆくのに不便だから」。

ハンガリー出身の数学者で、ロシア語、ドイツ語、中国語など12か国語を話せるというピーター・フランクル氏は、「自己の改良を目指す」。

ジャーナリストの船橋洋一氏は、「日本人は世界のどこに行っても日本のことについて質問を受けるようになった。多くの国民がその説明責任を担わされています」。

英語学者の渡部昇一氏は、「異質の言語で書かれた本を読むことで知力が増進する」。

学ばなくてもいい理由の一例として、元マイクロソフト日本法人社長の成毛眞氏は、「日本語を読み慣れた日本人がわざわざ洋書を読む必要はない」。

元外交官・元国会議員の平泉渉《わたる》氏は、「わが国では外国語の能力のないことは事実としては全く不便を来《きた》さない。現実の社会では誰もそのような能力を求めていない。英語は単に高校進学、大学進学のために必要な、受験用の「必要悪」であるにすぎない」と述べています。

英語を学ぶ理由（あるいは学ばなくてもいい理由）に、唯一絶対の正解はありませんので、どの主張が一番しっくりくるかで甲乙をつけるしかありません。

私なら次のように答えます。

・英語を学べば、進学や就職・転職が有利になる。

・英語を読めたり聴けたりすれば、楽しみが増える。
・学問するうえで、海外の著書や論文が、翻訳を待たずダイレクトに読めるメリットは大きい。
・英語を学ぶことで欧州の言語が学びやすくなる。
・認知能力が高まり、日本人的単眼思考（詳しくは第7章で後述）からの脱却も可能だ。

いずれにせよ、英語を学ぶ「Big Why（真の目的＝意識して掲げる目標よりも大きな究極の目標）」が明確であるほど、学習が継続しやすくなります。

あなたの Big Why を探してみてください。

日本人は英語ができないって、本当？

『日本人はなぜ英語に弱いのか』という本もあるように、「日本人は英語ができない」と主張する人は多くいます。裏側にはおそらく「他の国の人たちと比べて日本人は」という意味が隠されているでしょう。

その論拠としてよく引き合いに出されるのが、ＴＯＥＦＬの国際比較で、日本人の平均スコアは比較的低いのです。

だからといって「日本人は英語ができない」と見るのは短絡的です。母集団も言語も文化も異なるのに、日本人と他の国の人たちを比べること自体、無理があります。

ある国は優秀なエリートしか受験していないかもしれませんし、別の国では半強制的に受けさせられている受験生が多くいるかもしれません。そのような母集団の差異を考慮せずにＴＯＥＦＬの国際比較をするのは妥当ではありません。

言語や文化の差異も考慮しなければなりません。英語と似通った言語を母語とする人は、日本人が必要な努力と比べると少ない努力で英語をマスターできます。

また、英語が公用語や準公用語の国では、幼いときから英語を学ぶモチベーションが高いでしょう。

以上の理由から、日本人は英語ができるか否かを論じるときに、他国と比べることは無理があります。

では、純粋に日本人だけを考えた場合、はたして「日本人は英語ができない」のでしょうか？

「英語ができる」という言い方はさまざまな解釈ができますが、英語が読めることを「できる」と解釈するなら、日本人は英語ができないわけではないと私は考えます。

日本語と英語の言語的な差異や、日本では英語なしで十分生活できることも考慮すれば、「英語がかなりできる」といえる日本人は少なくありません。

言語学者の鈴木孝夫氏も『日本人はなぜ英語ができないか』の中で、「日本人は英語の本を読むことを通して、明治の人々が国家目標として掲げた、西洋諸国に追いつくことを、百有余年かけてついに達成したのですから、日本人は英語ができなかったとは言えない」と述べています。

もっとも「英語ができる」を「英語が話せる」「英語が書ける」といった意味で解釈するなら、「英語ができる」といえる日本人は多くはないでしょう。

しかし日本では英語なしで十分生活できますので、話せない・書けない人が多いことはむしろ当然です。それをもって「日本人は英語ができない」と主張するのは偏った考えといえます。

4技能のうち、磨くべきはこのスキル

英語の技能はリーディング、リスニング、スピーキング、ライティングの4つに大別できます。

では、「英語が使える」とは、どの技能に長《た》けていることを指すのでしょうか？　4つの技能すべてに長けなければならないのか、それとも1つ～3つの技能に長けていればいいのか？

英語トレーニング法指導者で『英会話・ぜったい・音読』の共著者の一人、千田潤一氏は、「英語も音読などの声を出すトレーニングをしないと、実際に使えるようにはならない。音を出さない英語学習は無意味です」と述べています。

しかし私は、スピーキングが苦手でも、ほかの1つ～3つの技能に長けていれば「英語

が使える」といっていいと考えます。

理由を説明しましょう。私はロンドン大学哲学部を遠隔教育課程で卒業しました。卒業までには膨大な量の英語の書籍を読み、数多くの論述試験に合格しなければなりませんでしたが、その間に求められたのはリーディングとライティングの技能だけでした。

つまりリスニングやスピーキングが堪能でなくとも、学位は取得でき、読んだり書いたりできる点で「英語が使える」といえるわけです（※ただし入学審査時にＩＥＬＴＳなどのスコアの提出が求められるので、スピーキングの能力がまったくなくても入学できるわけではありません）。

一般のビジネスパーソンの場合を考えてみましょう。はたして、仕事上、スピーキングの技能が求められる人は何パーセントいるでしょうか？

ＩＴ時代の到来で、電話せずにメールですむことも増えたため、日本語会話すら減りつつあります。そのような中で英会話能力が求められるのはごく限られた人たちでしょう。

外国人と文書やメールのやりとりでビジネスを遂行するなら、求められる技能はリーディングとライティングのみですが、読んだり書いたりできる点で「英語が使える」といえるのです。

結論に移りましょう。一口に「英語が使える」といっても、「話せる点で英語が使える」「読める点で英語が使える」「書ける点で英語が使える」「聴ける点で英語が使える」の中の1つ〜4つを指します。

したがって「英語が使える」と「英語が話せる」は同一ではなく、英語が話せなくても「英語が使える」人もいるのです。

また、お金儲けに直接結びつくことだけが「使える」判断基準にはなりえません。英語を使って何らかの成果を生めば、「英語が使える」といえます。

話せなくても英語は「できる」

ユーチューブでは、再生回数を稼ごうとしてか〝魔法の杖《つえ》〟があるかのような動画が多数あります。〝短期間でペラペラになれる〟といった動画を見て「私もペラペラになりたい」と思う人もいるでしょう。

しかし、自問してほしいのです。「外国語がペラペラになって、誰と何を話したいのですか？」と。

留学したい、ビジネスで活かしたい、海外に移住したい……など、確固たる目標がある人は、会話の練習も大いに意義があります。

しかし、確固たる目標をもたないまま、（ペラペラしゃべれたらカッコいい）と単なる憧れだけで会話の練習を始めても、挫折しやすいように思います。

実際、私が英会話講師をしていた頃、ペラペラになることに憧れて入学してきたものの、すぐ嫌になって練習を投げ出す生徒を多数見てきました。

5歳の日本人の子供をイメージしてみてください。日本語はペラペラですよね。でも、小説や人生論、論文などが読める子はまずいないでしょう。

このことからわかるように、外国語が多少しゃべれるようになっても、語彙力を増強しないかぎり、原書で小説や人生論、論文などが読めるわけではないのです。

たとえば、韓国語がペラペラになりたいから、と学び始めたとしましょう。「アンニョンハセヨ」（こんにちは）や「ケンチャナヨ」（大丈夫ですよ）など片言の韓国語をしゃべるのは難しいことではありません。

しかし、その人が「안녕하세요」や「괜찮아요」という文字を読めるでしょうか？

片言の韓国語がしゃべれるようになっても、それだけのこと。文字が読めるようになるにはそれなりに努力が必要ですが、原書で小説や人生論、論文が読めるようになれば、素晴らしい可能性が開けてきます。

外国語学習に挫折した経験のある人たちに勧めたいのは、「読む楽しみ」「聴く楽しみ」を見つけることです。読んだり聴いたりする機会はだれにでも、いくらでも、簡単に作れるからです。

読解力・聴解力を身につければ、今やネット経由で海外から洋書を簡単に取り寄せられますし、ユーチューブなどで海外の動画が見放題です。

それだけではありません。海外の大学の講座も無料で受講でき、学位を取ることもできるのです。

ちなみに私は東京から一歩も出ずロンドン大学の学位を取得しましたし、カルフォルニア大学やジュネーブ大学などの講座を修了しました。外国語を読んだり聴いたりできれば、ただ楽しむだけでなく、外国語を通して学問をすることで自分を高めることもできるのです。


ただ、誤解してほしくないのは、スピーキングの技能を磨かなくていいと主張しているわけではない、ということです。

4技能は相互に関連するため、スピーキングの技能を磨くと他の技能も磨かれることは私も実感しています。

ただ、スピーキングに関心のない人は、無理に磨く必要はありません。スピーキングができなくても「英語が使える」ことはありますし、ほとんどの人はそれで十分だからです。

日本人が外国語の力を磨こうと思えば、リーディングとリスニングを重点的に磨くのがよいでしょう。読む楽しみ、聴く楽しみを味わえるからです。

余力があればライティング、さらに余力があればスピーキングを磨きましょう。もともとスピーキングに興味のない人は、あまり無理をしても続けるのは難しいので、リーディングとリスニングを磨くといいでしょう。

「原書で読みたい」という憧れをかなえよう

原書を読むメリットは次の3つあると私は考えます。

・原書が読めたら①　翻訳書では伝わりにくい概念もダイレクトに理解できる

翻訳をする際、日本語に訳しにくい概念があっても、工夫して訳さなければなりません。とはいえ、ニュアンスまで正確に訳すのは不可能です。白黒映画にたとえれば、赤も緑も青も、どう工夫したところで正確に表現できないのと似ています。

ですから、訳注を入れたりして訳すのです。日本語にない概念は外国語のままのほうがダイレクトに理解しやすいのは言うまでもありません。

成毛眞氏は『日本人の9割に英語はいらない』の中で、ジャーナリスト・立花隆氏の「翻訳は誤訳、悪訳がきわめて多い」という意見に「まったく同感」と述べています。

また、平泉渉氏も「世の中にでている翻訳ものの中でも、誤訳を数えたらキリがないと思う」と述べています。

立花氏、平泉氏の指摘どおりだとすれば、翻訳書に頼るより原書を読んだほうがはるかによい、となります。

・原書が読めたら②　未翻訳の〝優れた本〟も読める

世界には優れた書物がたくさんあります。しかしその多くは未訳のままです。出版社の多くは〝優れた本〟よりも〝売れそうな本〟を優先して出版したがるからです。

しかし原書が読めれば、埋もれたままの〝優れた原書〟も読めるのです。

実際、私はロンドン大学の遠隔教育を受けているとき、指定図書の多くは日本語訳が出ていないことに気付きました。そのとき、優れた原書に出会えたのは英語が読めるようになったおかげだと、英語が読める喜びをしみじみ感じました。

翻訳されていないのは書籍にかぎりません。雑誌や新聞も論文もウェブサイトも翻訳されていないものがほとんどです。外国語が読めれば、未訳のものにも自由にアクセスできるわけですから、メリットがいかに大きいかがわかるでしょう。

・原書が読めたら③　知力が増進する

英語学者の渡部昇一氏は『英語教育大論争』の中で、「異質の言語でかかれた内容ある文章の文脈を、誤りなく追うことは極めて高い知力を要する。また逆に、そのような作業を続けることが著しく知力を増進せしめる」と述べています。

母国語の書物を読むことも価値はありますが、外国語を通してモノを見ることまではできません。それが知力増進につながる点は魅力的です。

・原書が読めたら④　「アウトプットできる語彙」も自動的に増える

「必要最低限だけしゃべれればいい」と、読む作業を怠っていると、気の利いた表現は覚えられないものです。しかし、日ごろから故事成語や婉曲《えんきょく》表現などもコツコツと覚えていけば、外国語で話すときに気の利いた表現が使えます。

私は中国語の本を読んでいるときに「坐井观天」（「井の中の蛙《かわず》」という意味）という故事成語を覚えました。そして中国人の先生との会話中に使ったところ、「よくそんな表現を知っていますね」と驚かれました。

またドイツ語の本を読んでいるときに「ein dickes Portemonnaie haben（直訳すれば「パンパンに膨れた財布を持っている」の意味。通常は「大金持ちである」という婉曲表現として使われる）を覚えました。そしてスイス人の先生との会話中に使ったら、爆笑されました。

このように、故事成語や婉曲表現などちょっと気の利いた表現を使うと、会話が弾むのです。

会話練習帳のようなものだけでは限度があります。やはり気の利いた表現を覚えようと思えば、読む量を増やし、地道に語彙を増やすことが効果的なのです。

コラム　日本語だけの生活から、多言語ができる生活へ

現代では、手っ取り早く楽しめるものは山のようにあります。
それなのにわざわざ苦労して外国語を学ぶのは、どんな魅力からでしょうか？

船橋洋一氏は、『あえて英語公用語論』の中で次のように述べています。

「母語と違う言語でモノを考えるということは、自分の中にもっとにぎやかな、もっと緊張に満ちた思想のドラマを持ち込むことになります」

また、100以上の言語を学んだという、新潮社校閲部・前部長の井上孝夫氏は、『世界中の言語を楽しく学ぶ』の中で次のように述べています。

「世界の多くの国の人々の暮らしを、息吹を、日々の喜び悲しみを、実感として捉える方法はただ一つ、それぞれの国の言語を学び、その国の人々の精神の懐《ふところ》に直接飛び込んで行くことであり、「肉声」を聞くこと以外ではありえない」

船橋氏や井上氏の主張を、私なりに言い換えてみましょう。

外国人との会話が楽しめる、外国旅行が楽しくなる……といった直接のふれあいで得られる楽しみは明白です。

私も若かりし頃、英会話学校でマンツーマンのレッスンを受講し、新たに覚えたフレーズやジョークが通じたときは嬉しくなったものです。憧れの外国人がいれば、大きなモチベーションになるでしょう。

しかし外国人と接する機会がなくても、外国語学習は十分な魅力があります。

私が特にお伝えしたいのは、リーディングとリスニングの魅力です。

成毛眞氏は『日本人の9割に英語はいらない』の中で、「日本の翻訳家のレベルはおしなべて高い。日本語を読み慣れた日本人がわざわざ洋書を読む必要はない」と述べています。

しかし、洋書を読んで感電するかのような感激を覚えた私に言わせれば、とんでもない、の一言につきます。

私流にたとえれば、洋書を読む魅力とは、白黒だった映画をカラーでも見られるようなもの、見られる映画の数も数十倍に膨れ上がるようなものです。

あなたは、同じ映画を白黒で見るのと、カラーも選べるのと、どちらがいいでしょうか？

「白黒で十分」と答える人はまずいないでしょう。カラーテレビ登場後、白黒テレビが姿を消した事実からも、ほとんどの人は白黒よりもカラーを好むとわかります。

また、10タイトルの中から見たい映画を探すのと、100タイトルの中から探すのとでは、どちらがいいでしょうか？　当然、100タイトルの中から探したいでしょう。洋書を読む魅力とはまさにそういうことなのです。

成毛氏の「わざわざ洋書を読む必要はない」という発言は、「白黒でも映画の内容は十分わかるからカラーで見なくてもよい」と言っているようなものです。必要がないと思う本人が読まなければいい話ですから、ぅのみにしないようにしましょう。

人間は物事を考える際、言葉を使って考えます。

たとえば、熱いものに触れたとき心の中で「アチッ」という言葉が自然に浮かんできますよね。このように単純なことでも私たちは自然に言葉を使うのです。

日本語しかできない人は、日本語でしか物事を考えられない、ともいえます。日本語が真実をあますところなく表現できるなら問題ありませんが、日本語には日本語の制約があります。どうしても誤解が生じてしまう概念などがあるのです。

わざわざ苦労して外国語を学ぶ理由は、日本語だけで生きる制約から解放されるため、ともいえるのです。

第2章

学び続けるコツ

外国語が上達するコツは「長く続ける」がすべて

「どうすれば外国語が上達するのですか？」

このような質問への私の答えは、「とにかく長く続けること」です。

というのも外国語が神経になじむまでに長年の歳月がかかりますし、日本で生活をする以上、学習をストップしてしまったら実力は下がる一方だからです。

したがって上達するには長く続けることが最低条件なのです。

続くか続かないかは、動機がすべてです。「しんどいのにこんなことやっても意味がない」と思った瞬間、学習がバカバカしくなります。

逆に、「やりたい」という気持ちが続けば、学習を続けられます。

長続きできるか否かは自ら「やりたい」と思えるよう自分を動機づけられるか否かにかかっているのです。

一言で「動機」といっても、さまざまな種類があります。

ひとつは、「楽しいから」「学習自体の価値を信じているから」「達成感があるから」「もっと詳しく知りたいから」「挑戦が好きだから」といった、内発的動機（自分の内面からわいてくる動機）です。

一方で、「親にやれと強制されたから」「必須科目だから」「進学に役立つから」「就職・転職に役立つから」「友達に負けたくないから」「お金儲けにつながるから」といった、外発的動機（自分の外側から生じる動機）もあります。

「楽しいから」で学習が長続きできれば理想的ですが、「楽しい」という感情は消えやすく、いずれ成長がストップしかねません。上達するには「楽しい」だけでは乗り越えられない壁があるからです。

私たちは日本語にしても苦労せずに身につけたわけではありません。小学校、中学校、高校で国語の授業を受け、国語や漢字の試験を何百回も受けているのです。けっして「楽しいから」だけで日本語をマスターしているのではありません。

したがって、本気で上達したいなら、「楽しいから」以外にも「有能感」「熟達」「挑戦」などさまざまな動機をうまくブレンドして、やる気を長続きさせることがコツです。

【２種の動機の特徴】

	内発的動機	外発的動機
目的	快感を得ること	他者からの是認（物質的報酬も含む）
情緒的側面	楽しい	不安がつきまとう
目標設定	自ら要求水準を調整	外部基準に合わせて設定

内発的動機と外発的動機の特徴をまとめると、表のとおり。

内発的動機は「快感を得ること」が目的です。

快感を得る方法はいくつかあり、一つは「楽しさ」を感じることです。歌うのが好き、絵を描くのが好き、ピアノを弾くのが好き、将棋が好き……。人それぞれ、義務もないのに「楽しいから」と自発的に行動していることがあります。

また、上達して得られる「有能感」も一種の快感です。うまくなれば、もっとうまくなりたいという内発的動機が生じることでしょう。

さらに「挑戦」自体からも快感が得られます。たとえば私の場合、検定試験を受ければ、「自分なりにベストを尽くした」という充実感が得られ、自然と学習意欲が湧いてきます。

一方、外発的動機は他人から是認されることが目的です。ですから他人の目がつねに気になり、認められなければ落胆することでしょう。ただし、外発的動機も工夫しだいで内発的動機に変えることもできます。

行きづまったら助けを借りる

「楽しいから」で長続きできれば一番理想的ですが、難易度の高いスキルが得られるまでの道のりは辛く長いものです。

想像してみてください。未体験の「あっ、楽しそう」と感じるものを見つけたとします。スキージャンプ、囲碁、ジャグリング、バイオリン演奏、ハンマー投げ、料理……。あなたは「楽しそう」と始めて、そのままずっと努力し続ける自信があるでしょうか？

その道のプロから「このスキルを身につければ楽しいよ」といくら説かれても、続く自信が私にはありません。楽しさを味わえるまでの苦労が想像できるからです。
つまり、楽しさだけでは動機として不十分なのです。

では、「楽しい」という感情が消えそうなとき、どうすればやる気を維持できるか。一つの方法は、助けを借りることです。

59歳のある日のこと、ふと「ピアノが弾けるのって素晴らしいな」という感情が湧いてきてピアノを購入しました。音楽経験ゼロだった私は、楽譜にカタカナで「ドレミファソラシド」を書き入れて1音1音、鍵盤を押し始めました。

1か月ほど練習したものの、上達する自分が想像できず、練習がおっくうになりかけました。そこでピアノ教室に通うことにしたのです。

運良く、先生は「ピアノがうまくなりたい」ではなく「ピアノを楽しみたい」という私の願望を受け入れてくれました。しかも、ただひたすら褒めてくれる先生だったので、ますます練習する気になりました。

他人からの働きかけで「楽しいからやりたい」という内発的動機が呼び起こされること

もあるのです。

自分一人ではうまく動機付けができないとき、励ましてくれる人がいれば理想ですが、いなければ、自分に合った先生を見つけましょう。励ましになるだけでなく技術面でも指導してもらえるので一石二鳥です。

ピアノも2年目になると、もっとうまくなりたい願望が生まれ、楽譜を読む練習や楽典の勉強も始めました。

好きな曲だけでなく課題曲も始めましたので、しんどい思いもします。しんどさに押しつぶされそうになったら好きな曲に切り替えて、楽しい感覚を呼び起こします。このような工夫でやる気を維持させるのです。

さらに自分への挑戦も課しています。「音楽技能検定」という検定試験を見つけ、さっそく受験しました。受験自体が私にとっては挑戦ですので充実感が得られます。

このように「楽しさ」「有能感」「挑戦」という3種類の動機をうまくブレンドして練習意欲をかきたてているため、ピアノ開始から2年間、1日も休まずに続いています。

新たな外国語をスタートする際も同じです。

まずは好きな洋画・動画を楽しむのもいいでしょう。歌が好きなら、外国語の歌詞を覚えるのもいいでしょう。「楽しもう」という動機で学習を始めるのです。楽しさはスタートを切る起爆剤となります。最初は上達を目指さず「趣味」でいいのです。

ただ、途中で投げ出したくなったら、英会話スクールなどの門を叩くのもいいでしょう。自分に合った先生に巡り会えれば、学習意欲がかきたてられます。

私が若かりし頃に通った英会話スクールなどはおよそ10校、58歳から通っている外国語会話スクールは4校あります。その経験から私がもっとも勧めたいのは、マンツーマンレッスン、しかも毎回同じ先生ではなく、交代制で先生が替わる語学学校であればなお良いです。先生が交代制であれば、自分に合わない先生は除外してもらえる可能性が高いからです。

私の経験上、ほとんどの先生はほんの少し上達しただけでも褒めてくれます。褒めてもらえれば嬉しくなりますし、「もっと上達して先生にもっと喜んでもらいたい」という気持ちになればしめたものです。その後、もっとうまくなりたい……という気持ちが湧いてくれば、次の段階に進みましょう。

「学ぶこと」自体に価値を見いだす

日本では義務教育を終えるまでに一定レベルの外国語を学びます。「必須科目だから」「勉強しないと親に叱られるから」という理由で学ぶとしたら、その人にとって外国語学習は外発的動機だけになります。卒業したとたん外国語学習とはオサラバでしょう。

しかし、外発的動機で始めたことであっても、「まわりに賢いと思われたいから」「試験に合格して私を小馬鹿にした人を見返してやりたいから」と自分なりに意義を見いだせば、学習意欲が湧いてきます。

学習自体に価値を見いだせば、さらに強い学習動機となります。「いい大学に入りたいから」「昇進に役立つから」「将来、定年退職したときの〝保険〟になるから」などという意義を見つければ、学習自体に価値を見いだせています。

もっとも理想的なのは「内発的動機」です。外的な報酬がなくても、それ自体に価値があると認め、自ら進んでやりたくなる状態です。

「外発的動機」しかない人が壁にぶつかると、「いったい何のためにこんな大変なことやっているんだろう?」と投げ出す可能性が高いのですが、「内発的動機」が生じると忍耐強くなれます。もともと外的報酬を求めていないのですから忍耐強くなれるのは当然です。

しかし一口に「内発的動機」といっても、おもしろいことを経験することが動機になっている場合もあれば、有能感を得ることや、探求心を満たすことが動機になっている場合もあります。

複数の「内発的動機」をもてば、さらに強固な学習動機になるでしょう。

私が12年間、1日も休まず外国語学習を続けているのは、海外の名著に出会って感電するかのような感激をしたことが発端でしたが、それだけでは幾多もの壁を乗り越えられたとは思えません。それ以外にもさまざまな工夫をして、学習意欲が減退するのを防いでいるのです。

悔しい思いを昇華する

他人から嘲笑されて悔しい思いをしたことはありませんか？

私は何度もありますし、悔しさをバネに努力することもあります。

これは、外発的動機を学習動機に昇華した一例といえます。

野球で世界の頂点まで上り詰めたイチロー選手も、悔しさをバネに努力したそうです。

小学生時代、近所の人から「あいつ、プロ野球選手にでもなるのか？」といつも笑われ、メジャー挑戦時に「首位打者になりたい」と言ったときも周囲に笑われたそうです。

イチロー選手は、次のように述べています。

「常に人に笑われてきた悔しい歴史が、僕の中にはある。これからもそれをクリアしていきたいという思いはあります」

悔しい思いを晴らすために努力するといえば、本来あるべき努力のしかたではないように思えるかもしれませんが、そのような動機が悪いわけではありません。

もともとの動機がどうであれ、うまく昇華すればよいのです。

自分を嘲笑した相手に復讐するだけでは昇華できませんが、学習に励んだり仕事に打ち込んだりする動機に昇華できれば、強い動機になりえます。

私にも悔しさをバネにしたからこそ頑張れた経験があります。

最初に卒業した大学は青山学院大学ですが、会社員時代、日米トップの大学を出た同僚たちから母校をけなされ続けたため、学歴コンプレックスをもちました。

そこで42歳のときに慶應大学（通信教育課程）に入学しました。当初は「学問をしたい」という内発的動機は3割、「慶應大学の学位を取って見返してやるぞ」という外発的動機が7割。結果的に、在学中に学問の楽しさを知りましたが、莫大な数レポート課題が課せられる上、単位認定試験も難易度が高く、途中で挫折する人が続出しましたので、「今に見返してやるぞ」という外発的動機がなければ卒業までこぎ着けなかったに違いありません。

知的好奇心だけで卒業までこぎ着けるのが理想ですが、興味がない科目も学ばなければならないのですから、それは極めて困難です。そんなとき悔しい思いを「挑戦」に昇華させて困難にぶつかれば、絶好の起爆剤になるのです。

最初は「楽しそうだ」という動機で多言語学習を始めても、中だるみを感じることがあるでしょう。そんなときは悔しい思いをバネにしましょう。もともと「楽しそうだ」という思いで始めたことであれば、その「楽しそうだ」という内発的動機と「今に見返してやる」という外発的動機をうまくブレンドするのです。

外国語学習を続けていれば、やがて「達成感」が得られるでしょう。「知的好奇心」が刺激されることもあるでしょう。

そのような内発的動機が発動すれば、「やめたい」気持ちが消えること請け合いです。

すきま時間を最大限に活かす

外国語の発音練習は時間の確保だけでなく、練習場所の確保も意外と難しく、なかなか着手できない人も多いのではないでしょうか？　私もリーディングとリスニングは毎日続けていましたが、発音練習はなかなか着手できずにいました。

しかし数年前、ちょっとした隙間時間で発音練習ができる、よい方法を見つけました。それは「散歩」と「リスニング」と「発音練習」の3つを合体させることです。じつはジョギングが脳トレにもなると知り、体力の衰えを防ぐために60歳手前でジョギングを始めました。しかし足を痛め、ウォーキングに切り替えたのです。といっても、時間の確保は難しい話です。そこで私は、朝食を意図的に自宅から離れたレストランで取ると決め、毎日散歩がてら20〜25分くらい歩くことにしたのです。

移動中にスマホで「リスニング＋発音練習」をします。声を出しても誰からも文句は言われませんし、第一の目的がレストランに行くことですので、時間が有効活用できます。

しかも教材を買わなくても、ユーチューブに「リスニング＋発音練習」用の無料動画がたくさんあります。ウォーキングだけでも脳トレ効果がありますが、「リスニング＋発音練習」を足せば一石二鳥ならず一石三鳥です。

こうして朝食を食べて自宅に戻るまでに、50分程度の「ウォーキング＋リスニング＋発音練習」を終えています。忙しい人や運動不足の人は、ぜひ「散歩」と「リスニング」と「発音練習」の3つの合体を考えてみてください。

コラム　私の一日の外国語学習スケジュール

私は30代前半から文筆家・翻訳家になり、週に2回のアルバイトの日以外は時間に拘束されませんので、次のような日課をこなしています。

本業の執筆活動は1日3時間程度しますが、新しいことにチャレンジしたい気持ちが強い私は、外国語学習を中心にチャレンジする時間をたっぷりと取っています。

会社員が真似するのは難しいと思いますが、休日などに参考にしてください。

・朝3時30分頃から――執筆活動＋ピアノ練習（約2時間）

私が早寝早起きを実行しているのは、時間泥棒を防ぐためだ。30代前半にテレビを捨てたものの、今やインターネット時代。仕事関連のやりとりもメール中心の今、インターネット接続を拒めない。となると、難敵はユーチューブなどの動画だ。

深夜はユーチューブに誘惑されやすい。面白そうな動画のサムネイルが勝手に目の前に出現するのでついついクリックしがちだ。その誘惑から逃れるためにも早寝する。

朝3時30分に起きると5時30分までは自分が本当にやりたいことに熱中できる。寝室のパソコンはネットに接続していないので執筆活動に専念できる。ある程度執筆したら最低30分ピアノの練習をする。気が散らないので、私にとってはゴールデンタイムだ。

こうして5時30分までに脳はフル回転状態になっている。これがこの後の外国語学習の〝準備体操〟の役割も果たす。

頭を休めるため、しばしベッドに横になり、6時30分からの外国語学習に備える。

・学習①　朝6時30分〜8時15分——ファストフード店で外国語の書籍を読む＋聴く（1時間45分）

自宅付近のファストフード店でコーヒーを飲みながら外国語学習。まさに〝朝飯前〟だ。外国語の書籍を、音源（ＣＤまたはＭＰ３）を聴きながら読む。

よく行く店に私と同じように外国語学習にいそしむサラリーマン風の人が何人かいる。できれば出社前に1時間くらいの学習時間を取るとよいだろう。

【私の１日の学習スケジュール】

☀ **朝、ファストフード店で**

①外国語の本を読む＋聴く

（１時間45分）

☀ **レストランへの移動中に**

②スマホでリスニング＋発音練習

（25分×２）

☀ **どこでも、細切れの時間に**

③単語カードで単語を覚える

（１時間）

☀ **夕方、外国語学校で**

④マンツーマンレッスンで会話の練習

（１時間30分、または２時間）

☽ **夜、レストランで**

⑤英字新聞を読む（10分）

☽ **夜、自宅で**

⑥外国語の動画を視る（30分）

⑦外国語の音声を聴く（30分）

・学習②　朝8時15分～8時40分、9時00分～9時25分――移動中にスマホでリスニング＋発音練習（25分×2）

ファストフード店からレストランまで移動しながら、スマホで「リスニング＋発音練習」をする。人通りの少ない道を選び、日光を浴びて美味しい空気を吸いながら歩けば気分が爽快になる。「リスニング＋発音練習」のみならず、有酸素運動にもなるので「一石二鳥」どころか「一石三鳥」である。

私が発音練習に着手できたのは、ユーチューブに外国語学習者向け動画がたくさんあるからだ。自分に適したものを見つけてほしい。ただし、交通事故には十分に注意。

・学習③　どこでも、細切れの時間を有効活用して――単語カードで単語を覚える（1時間）

私は20代の頃から常に単語カードを胸ポケットにしのばせている。私が買うシャツはすべて胸ポケットが付いている。

銀行や病院で順番を待つとき、知人友人と待ち合わせるとき、電車の中は絶好の単語暗記タイムだ。横断歩道の信号待ち、ＡＴＭの順番待ちの数十秒程度でも、数個の単語は覚えられる。

こうした細切れの時間は積もり積もれば意外とあり、一日1時間程度になる。

・10時頃から——昼寝、昼食、執筆または外国語のライティング

朝食から帰ると10時頃。すでに2時間以上も外国語学習に時間を費やし、頭はふらふらになっている。そこで頭を休めるために1時間30分ほどぐっすり眠り、午後からの激務に備える。

目を覚ますと昼食はサラダとナッツですまし、執筆活動に入る。執筆の仕事がないときは、外国語の聖書を大学ノートに書き写すなどして外国語のライティング力をつける。

・学習④　夕方——外国語学校でマンツーマンレッスン、または喫茶店で外国語の書籍を読む＋聴く（1時間30分または2時間）

私は3年前から外国語学校でマンツーマンレッスンを週に2〜3日受けている。日本語は一切禁止。中国語レッスンでは中国語オンリー、ロシア語レッスンではロシア語オンリー……といった具合だ。莫大なエネルギーを使うので、終わったら頭がふらふらになる。レッスン後は勉強しない。

学校がない日にかぎり、夕方に喫茶店で、朝の店と同じ方法で学習する。

・学習⑤　夜――レストランで英字新聞を読む（約10分）

外食続きの私を心配した友人が熱烈に自炊を勧め、3年くらい自炊したことがあるが、買い出しや調理に時間がかかるだけでなく、一人分の食事を作るなら外食のほうがかえって安上がり。そもそも私の料理で栄養バランスが取れるかわからない。

というわけで自炊の選択肢を捨て、その時間のすべてを外国語学習に費やしている。私にとっては外国語学習のほうがはるかに重要だからだ。意図的に高めのレストランを選び、食事が提供されるまでの10分程度で英字新聞を読む。

・学習⑥　夜――自宅で外国語の動画を視る（約30分）

日本語のユーチューブは極力見ない。ただ、ついつい「ちょっとだけ」と見始めると、いつの間にか30分経っている。時間泥棒というゆえんである。

そこである秘策を生み出した。キッチンタイマーを30分でセットしておき、動画を見始めた瞬間からカウントダウンするのだ。タイマーが「0」になったらパソコンが爆発するシステムでもあれば、確実に1日30分未満ですむだろうが、そんなシステムなどない。そこで呪文のように「(タイマーが) 0になったらパソコンが爆発する」と唱える。まったく見ない日もあるので、1日平均10分程度しか見ていない。

たまに動画を見てリラックスすることが悪いわけではない。ハードな勉強をしたらご褒美のつもりで面白そうな動画を見るのを自分に許してもよいだろう。

そんな日には外国のユーチューブを見る。ドイツ語のネコの動画、イタリア語のピアノの動画、中国語の食生活の動画、スペイン語の映画……。

多言語学習をすれば楽しみは尽きない。面白くなって2時間、3時間と見続ける日もあるが、「これは外国語学習のためだ」と言い訳ができる。実際、良い外国語学習になる。

・学習⑦　夜――外国語の音声を聴きながら寝る（約30分）

以上、就寝前までにトータルで6～7時間くらい外国語と付き合っており、リーディングもリスニングもスピーキングもボキャビルもすべてこなしている。

さすがにここまで外国語に接すると頭がふらふらになるが、一日の最後に外国語のCD（またはMP3）を聞きながら眠りに入る。疲れもピークなのでぐっすり眠れる。

気づけば朝3時30分に目が覚めている。

さあ、新たな挑戦の始まりだ！

第3章

壁を乗り越えるコツ

原書読破は、易しいものから順にレベルアップ

イタリア語で書かれた小説が読みたい、ドイツ語で書かれた人生論が読みたい、中国語の歴史書を読みたい、スペイン語で書かれた論文を読みたい……。

そんな夢を抱いて外国語学習を始める人もいることでしょう。

よし、がんばるぞ！　と勇んで原書を入手した人もいることでしょう。

しかし、原書を開くと……。あまりの難しさにめまいがしそうになり、原書を閉じてしまったことはないでしょうか？

初心者はもちろん、中級者であっても原書読破は難しいものです。

途中で投げ出しかけた人のために、私が独自に生み出した〝「易→難」学習法〟を紹介します。

その名のとおり、まず「易しいもの」から取り組み、徐々に「難しいもの」にレベルアップしていく方法です。当たり前に思えるかもしれませんが、こと外国語学習は、さまざまな工夫ができるのです。

たとえば、外国語の小説読破に挑戦しようといきなり原書を読み始めたら、相当な読解力がある人でなければ、難しすぎてお手上げになりかねません。

まずは小説の内容が理解しやすいものを探してみましょう。内容がわかっていれば、情景がイメージしやすいので小説を読みやすくなるからです。

映画化・ディスク化されているなら映画やDVDを観るのもいいでしょう（原作の言語ではなく英語でしか作品化されていないこともありますが、内容の理解が目的ですので、観ておくといいでしょう）。

漫画化されているなら漫画を読む、訳本がでているなら訳本を読むのもいいでしょう。

要は、いきなり原書に取り組むのではなく、原書の内容がわかり、かつ比較的容易なものに先に取り組むのです。映画もDVDも漫画も訳本もない場合、あらすじがわかるウェブ記事や、ユーチューブの紹介動画が見つかるかもしれません。

小説の内容がある程度わかったら、原書に挑戦しましょう。対訳本（本の左ページに外国語、右ページに日本語訳が書かれた本）で読み進めるのもいいですし、原書と訳本を対比させながら読み進める方法もあります。

また、原書読破に挑戦するなら、やはり自分が興味をもった小説のほうがいいでしょう。私自身の〝「易」→「難」学習法〟の実践例を挙げると、次のようにいろいろな組み合わせがあります。

●中国語の例

・魯迅《ろじん》著『阿Q正传』……①漫画『阿Q正伝《あきゅうせいでん》』（バラエティ・アートワークス著）→②ユーチューブ動画→③訳本『阿Q正伝』（増田渉訳）→④原書＋訳本→⑤原書＋朗読した音源

●イタリア語の例

・Carlo Collodi 著『Le avventure di Pinocchio』……①漫画『ピノキオ』（手塚治虫著）→②原書＋訳本『ピノッキオの冒険』（大岡玲訳）→③原書＋朗読した音源

・Edmondo De Amicis 著『Cuore』……①原書の一部のみの漫画『母をたずねて三千里』（高畑勲著）→②原書＋訳本『クオーレ』（和田忠彦訳）→③原書＋朗読した音源

・フランス語の例

・Johanna Spyri 著『Heidi』……①テレビアニメを子供の頃に観ていた→②原書＋訳本『ハイジ』（矢川澄子訳）→③原書＋朗読した音源

・ドイツ語の例

・Cornelia Funke 著『Herr der Diebe』…… ①ユーチューブ動画→②原書＋訳本『どろぼうの神様』（細井直子訳）→③原書＋朗読した音源

・Hermann Hesse 著『UNTERM RAD』……①原書＋訳本『車輪の下』（高橋健二訳）→②原書＋朗読した音源

・スペイン語の例

・Lluís Prats 著『La pequeña coral de la señorita Collignon』……原書＋訳本『虹色のコーラス』（寺田真理子訳）

・José Campanari著『¿Y yo qué puedo hacer?』……①訳本『なにか、わたしにできることは?』(寺田真理子訳)→②ユーチューブ動画

また、外国語学習者向けの本で、難易度別に6段階くらいで分類されたものを読むことも、一種の〝「易→難」学習法〟です。

自分の実力レベルから始め、1段階ずつレベルを上げれば、楽しみながら実力を伸ばせます。

自分自身にノルマを課す

外国語学習を最初は「趣味」として始めましょうと述べました。

ただ、趣味の多くは「やらなくても不利益にならないこと」かつ「やったところですぐに利益がもたらされるとは限らないこと」です。ですから、よほど成長欲求が強い人でなければ、壁にぶつかったとき、投げ出したくなります。

外国語学習が挫折しやすいのは、苦労が多いわりに、得られる利益がなかなか見えないのが原因でしょう。利益が見えないと「こんな大変な思いをして、いったい何になるの?」と思い始めるのが人の常です。そこに壁があります。

では、どうすれば壁を乗り越えられるでしょうか?

お勧めは、自分にノルマを課すことです。自分の置かれた状況をさまざまな観点から冷静に判断し、「これならできそうだ」と思えるノルマを課し、それをコツコツとこなすのです。

コツとしては「どのくらいの時間、労力、お金が割けるのか?」を冷静に判断し、無理のないノルマを課し、いったん課したら必ず守ることです。

「今週は忙しくて達成できなかった」「今月はお金が足りなかったので達成できなかった」などと例外を認める癖をつけると、やがてやらなくなるのがオチです。

そのような例外を極力減らすことがコツです。

じつはノルマを課す合理的理由などありません。

そもそも「やらなくても不利益にならないこと」ですから、ノルマを課すこと自体が不合理といえば不合理です。

しかしそれをあえてするなら「見返りを求めない愛」に他なりません。言い換えれば「自分はそこに価値を感じる、だから苦難にあっても関心をもち続ける」ということです。

しかし、ノルマを達成し続けると、いずれ他人には真似できない高い価値を生み出せます。


私が出版翻訳家になれたのもノルマの効用が大きかったといえます。

大学卒業後4年間は、一日の大半を英語とは無縁の職場で過ごしていましたので、自分にノルマを課さなかったら一向に道は開けなかったでしょう。

しかし私には翻訳家になる夢がありましたので、自分にノルマを課しました。

それは「英語の本を1日10ページ以上読む」でした。平日は朝から夕方まで仕事があります。その後、帰宅してから寝るまでに英語の本を10ページ以上読むのです。

簡単そうかもしれませんが、もっと刺激的なことや楽しそうなことがあれば、ついそちらを優先したくなるものです。テレビ、映画、パーティー、飲み会、お酒……。

しかし私が流されなかったのは「英語の本を1日10ページ以上読む」をノルマにしたからです。ノルマを達成しないうちに他のことには手を出さないと決めていたのです。

それをコツコツと続けました。

「1日10ページ以上」のノルマを1か月続けたら300ページ以上、1年では3650ページ以上になります。体調不良などの日もあるかもしれませんが、いったん気をゆるめたら「やらなくても何の不利益もない」という思いが湧いて学習を止めかねないので、私は自分に厳しく、ノルマを達成し続けました。


ノルマを課すメリットの一つは、気分に左右されない強い自分が作れることです。

だれしも落ち込む日があれば、気分が乗らない日もあるでしょう。しかしそれを乗り越えてノルマを達成すれば、強い自分が作れます。

もう一点メリットを挙げれば、重要でないことに振り回されなくなることです。だれしも「必ずこれだけはしなければならない」というノルマがあれば、まずはそれをこなそうとします。

自分に「英語の本を1日10ページ以上読む」と課していた期間は、ノルマを達成するまでテレビを見たい、お酒を飲みたい、という欲望は湧きませんでした。

振り回されないためにも、ノルマを課すことは効果があるように思えます。

検定試験を受けてみる

語学検定を活用しないことはもったいなさすぎます。

うまく活用すればモチベーションが維持でき、十分意味があります。

「TOEICで高得点を取っても意味がない」と主張する人がいますが、それはあくまでその人が意味を感じないだけであって、語学検定そのものに意味がないわけではありません。

語学検定を受けるメリットはたくさんありますが、私が強調したいのは次の4点です。

・検定のメリット①　客観的な自分の実力がわかる。

実力の伸びは一人ではなかなかわかるものではありません。語学検定を受けることで自分の実力を客観視でき、過大評価も過小評価もしなくてすむようになります。

・検定のメリット②　学習のモチベーションになる。

英語以外なら、学校やサークルなどに所属しないと、なかなか実力を発揮する場がないでしょう。困難にぶつかったとき、目標がないと学習が止まりがちです。そんなとき語学検定は良いモチベーションになってくれます。

・検定のメリット③　合格したら（高得点が取れたら）励みになる

人間だれしも、自分が成長している感覚が得られたら励みになります。

・検定のメリット④　セールスポイントとしても活用できる

単に「○語ができます」と「○検1級に合格しています」とでは、セールスポイントとしてどちらが有効かは明白でしょう。

こうしたメリットを享受するための、私流「語学検定を10倍楽しむ方法」をお伝えしましょう。

私が語学検定試験の主催者に提案したいのは、一次試験と面接試験を別々にし、「筆記試験合格」などの「部分合格証」を出すことです。ただ、私一人がいくら望んでも変わりません。ならば、既存の語学検定を自分のニーズに合わせてカスタマイズするのです。

「合格（ハイスコア取得）中心思考」を脱し、「モチベーション維持中心思考（モチベーションの維持に役立てば良しとする考え方）」に変えれば、語学検定を楽しめます。

そう、語学検定が嫌なものではなく、楽しいものに変わるのです。

そのテクニックは次のようなものです。

①自分のニーズに合った語学検定を受ける。なければ、既存の検定を受け、自分が伸ばしたい部門だけに注目する

たとえば、話せることを目標としない場合、フランス語なら面接試験の無いTCFがありますし、ドイツ語ならゲーテ・ドイツ語検定のリーディングとリスニングだけを受ける……といった具合です。

また、英検、独検、仏検、伊検、西検、中検などの上位の級には二次試験として面接試験が課されますが、一次試験だけ受けるのもいいでしょう。最初から「一次合格」だけを目指し、一次合格で満足すればいいのです。

逆に、話せることを目標とする場合、中国語ならHSK口試がありますし、ドイツ語なら右記検定のスピーキングだけを受ける手があります。

②語学検定は実力の伸びを測定するためと割り切って、過去問題集には手を出さない

あなたが外国語を学ぶ究極の目的は何ですか？

「異文化を深く理解する」なら、合否やスコアにこだわる必要はありませんよね。あるいは「翻訳家になりたい」なら、リスニングの点数にこだわる必要はありませんよね。

「受けるからには合格しなければ……」と思い込んでいる人を見かけますが、不合格は恥ずかしいことではありません。他人が決めた合格基準に達しなくても自分の価値が否定されるわけではないのです。最初から合否など気にせず、点数の伸びをチェックするためだと割り切ればいいのです。

③同じ言語の複数の検定試験を受ける

何度も不合格になると、いきおい「私はいくら勉強しても伸びないのだ」と思い込みかねません。しかし真相は「その検定試験では結果が合格基準点に達しなかった」だけに過ぎず、本当に実力が伸びていないのか否かはわからないのです。1つの検定試験にこだわらずに複数の検定を併願するのも、「有能感」を得るために有効な手段のように思えます。

私は英検1級をはじめ英語関連の検定試験に多数合格し、翻訳出版した本は約30冊にのぼり、英語の学習参考書も多数出版しています。といえば、もともと英語ができる人だったと思う方もいるかもしれません。

しかし、英検1級は連続18回不合格でした。当時は準1級がなかったため、2級に合格した直後から1級を受けたのですが、2級と1級の差が大きすぎたこともあり、かすりもしないまま5回、6回、7回、8回……と不合格が続きました。10回目あたりから合格基準点に近づきましたが、ほんの僅差《きんさ》で不合格が続きました。

しかしそれでも腐らなかったのは、「試験には落ち続けてはいるが、実力自体は伸びている」という自信があったからです。

そんな自信がもてたのは、英検1級以外にもTOEIC、TOEFL、国連英検、オックスフォード大学英検など多数の英検に挑戦し、順調にスコアアップしていたからです。

たとえば、英検1級を受験し始めたころのTOEICは520点に過ぎませんでしたが、英検1級の受験回数が14回目にもなると、TOEICも900点の大台に乗り、他の英検でも1級に合格し始めたのです。

英検1級とは相性が悪かったのか、19回も受験する羽目になりましたが、他の検定ではそこまで手こずらずに合格できたのです。

とはいえ、どうしても結果が出なければ落ち込んでしまう人には「理想的な試験などない」と伝えたいです。

どのような試験であれ、受験生のいくつかの側面を測っているだけに過ぎません。〝絶対視しなければならないほど完璧な試験〟などないのです。

合否（またはハイスコア取得）を目指して過去問題集に取り組んでいると、結果が気になるものです。しかし、原書で良書を読んだり洋画を楽しんだり……といった自分の究極の目的に合わせた学習を続け、語学検定は実力の伸びを測定するためのものと割り切れば、不合格になってもそれほど気にならなくなります。

それでいて合格すればモチベーションが上がるのですから、気の持ちようで「メリットしかない」ようにできるのです。

世の中には莫大な数の検定試験があります。その多くは「合格してこそ意味がある」と思えるものです。

特に業務独占できる「士資格」はその筆頭に挙げられるでしょう。

しかし、こと語学検定は、合格そのものを気にしなければ、なんてことはないのです。

実際、私は幾多もの不合格にも腐らず学習を続けています。

怠け心に打ち克つ方法＝喫茶店代をケチらない

学習だけでなく仕事全般にいえることですが、やる気になる環境作りも重要です。自宅にいるとネットサーフィンしたくなる、ユーチューブを見たくなる、ベッドに横たわりたくなる……と誘惑が多いので、私は喫茶店やファストフード店で勉強や執筆をしています。

もちろん、自宅で勉強できる人はわざわざ喫茶店に行く必要はありません。しかし、もし誘惑に負けがちであれば、勉強のしやすい店などに行くことを勧めます。

最近では勉強机がある喫茶店もあります。そのような店をいくつか探しましょう。私にはお気に入りの喫茶店が10店くらいあり、気分によって店を変えます。それがまたいい気分転換にもなるのです。

（喫茶店で勉強するなんて、お金がもったいない……）という声が聞こえてきそうです。しかし物は考えようです。

喫茶店に行けば、必ず一定時間は勉強できます。コーヒー1杯が１０００円くらいすれば、「元を取らなければ」という気が働くため、懸命に勉強に励めます。しかも美味しいコーヒーを飲みながらカフェインが効いて頭がさえるので有効な時間になります。

あなたは喫茶店代をケチって自宅でユーチューブの誘惑に負けるのと、喫茶店代を払って黄金の1時間30分を作るのと、どちらを選びますか？　私なら後者を選びます。

（少しだけユーチューブを観よう……）と気をゆるめたが最後、少しだけ見るつもりだったのが、脳がリラックスモードに入ってしまい、「今日はもう勉強しなくていいか……」と勉強を投げ出したことはありませんか？

私は何度もそういう落とし穴に落ちています。

テレビをつけた途端にリラックスモードに入って勉強を投げ出すことが多かった私は、30代前半でテレビを捨て、しばらくは静かな生活が送れていました。しかしそれも数年間だけで、やがてユーチューブの虜《とりこ》になりました。

それでは勉強ははかどりません。なんとか自分を律しようとキッチンタイマーを30分でセットし、パソコン画面の横に置いて「1日30分以下ならユーチューブを見てもいい」と決めていますが、それでも30分以上見てしまうことがあります。そして誘惑されるたびに「自分のためにならなかった」と後悔するのです。

そんな落とし穴に落ちないために喫茶店に行きます。

喫茶店で1時間30分勉強をすれば、帰るころには、誘惑に克った達成感も味わえます。

そういうことを繰り返せばやがて大きな差となります。

私が40代以降に5つの大学の学位を取得したのも、毎日深夜まで喫茶店で勉強していたからできたことでした。

コラム　検定試験は悪か？

比較文学者・橋本陽介氏は、『使える語学力』の中で、次のように述べています。

「日本人の大好物に「資格試験」があります。資格試験を目標にするのは、動機づけのひとつにはなります。しかし、資格試験そのものが目標になってしまうと、語学学習は失敗します。

なぜかといえば、資格試験の問題は、具体的な状況から乖離《かいり》しているからです。具体的な状況から離れた言葉は「死んだ言葉」です。どう使うかも永遠にわかりません。

また、資格試験を勉強している人の多くが、語学力を上げることではなく、問題の解き方を学ぶことを目的にしています。

資格試験中心の勉強を断ち切らないかぎり、できるようになりませんし、試験の点数もあまり上がりません」

橋本氏は「資格試験そのものが目標になってしまうと、語学学習は失敗します」と主張しています。

しかし私は、資格試験を目標にすることは悪くないと思います。外国人と接する機会の少ない一般人にとって、資格試験はもっとも強い動機の一つになりうるので、むしろ奨励したいくらいです。

とはいえ、対策問題集に取り組んでばかりいる人には、「対策問題集も重要だけど、易しめの原書を読んでみるのも面白いと思いますよ。難しければ対訳本と対比させながら読む手もありますよ」と言うでしょう。

対策問題集で勉強する重要さは認めるものの、面白味を感じないからです。外国語を学ぶ醍醐味は、原書や外国語動画の楽しみに目覚めてこそ味わえると思うのです。

橋本氏は続けて、次のように主張しています。

「資格試験の問題は、具体的な状況から乖離しているからです。具体的な状況から離れた言葉は「死んだ言葉」です。どう使うかも永遠にわかりません」

私は、資格試験の問題のすべてが「具体的な状況から乖離している」とは思いません。

また筆記試験も、問題文は現代語で出題されます。何千年も前に廃れた言葉で出題されるわけではありません。書き言葉のルールをきちんと学ぶことは、上達する上で重要です。

「死んだ言葉」だから「どう使うかは永遠にわからない」ものではないことは明らかです。

第4章　語彙を増やすコツ

上達のための最重要課題は、語彙力強化！

私が40代半ばのこと。（単語だけは理屈抜きに覚えるしかない、しかも日本にいながらにしてネイティブ並の読解力に近づこうと思えば、一生努力し続けるしかない、やめたらそこで成長はストップする）と痛感する出来事がありました。

すでに他の大学の学士号と修士号をもっていましたが、英語を通して哲学や神学を、しかも日本にいながらにして学ぶことに興味が湧いたのです。

そこで、自分を磨くためにロンドン大学の遠隔教育を受けようと決意しました。

ところが、ロンドン大学の課題図書の難しさには驚かされました。

難易度の高い単語が、1ページに1個くらいの頻度で登場したのです。私は課題図書を開くたびに冷や汗をかきました。

ある一冊の課題図書のうち、当時の私が辞書を引いた単語は、左上に挙げたとおり。

hermeneutical, apocalyptic, perennial, catechism, corollary, encrustation, oracular, bigotry, tenuous, cavalier, procreation, fecundity

私は辞書を引きながら、「単語だけは、嫌だろうが何だろうが覚えるしかない」という思いが芽生えました。

英語のネイティブでも、知らない単語はあるでしょう。しかしロンドン大学に通う18歳ないし21歳のイギリス人の大学生は、大学指定の課題図書で勉強します。

英検1級に受かったくらいで努力をやめたら、課題図書だって満足に読めないではないか……という思いがよぎりました。

そこで決心したのです、（一生、単語力を磨いていく。だれが何を言おうが、ネイティブ並みの読解力をつけるには努力は怠ってはならない）と。

観光地の店員や、外国語が話せないふりを装っていきなりしゃべりだして相手を驚かせるユーチューバーなどは、読むよりもしゃべるほうに関心があるのかもしれません。

しゃべることへの関心自体は悪くないですが、語彙力を強化しないかぎり高度な小説や論文などが読めるようにはならないことは理解しておくべきでしょう。「しゃべれる語彙」と「読んでわかる語彙」はレベルが違うからです。

語彙に関して、渡部昇一氏はイギリス留学時代に単語力の無さを痛感し、帰国後に単語帳を作った、と述べています（『日本人はなぜ英語に弱いのか』）。

また、ある語学の天才が外国語のマスターのしかたについて「文法の概略をあげたらば、一に単語、二に単語、三に単語、四に単語、五に単語、六に単語、七に単語、八に単語、九に単語、十に単語だ」と述べたと『英語教育大論争』に記されています。

私にとって、彼らの主張が、語彙力強化を最重要課題と見なす決定打でした。

語彙を増やすには① 単語カードで覚える

手前味噌になりますが、私は単語カードを１４００束近く作って単語を覚えてきました。内訳は英語が約５００束、フランス語、イタリア語がそれぞれ約２００束、ドイツ語、中国語、スペイン語がそれぞれ約１５０束、韓国語とロシア語を合わせて約１００束です。

英語とドイツ語以外の約900束は、すべて50歳以降に作ったものです。

単語カードは各社からさまざまなものが出ていますが、私のお気に入りは「コクヨ（KOKUYO）単語カード・中」です。

理由は、大きすぎず、紙の質も薄すぎないから。文章でなく単語を書くにはこれくらいのサイズで十分ですし、薄すぎるとめくりにくいのです。

私はこのコクヨ単語カード・中・1箱30束をネットで買います。

1束終えたら1束買い……を繰り返した時期もありましたが、売り切れたら入荷待ちになるうえ、何度も店に通わなければいけません。箱で買えば時間の節約になります。覚える単語は莫大に増えますから、思い切って1箱を買うのもいいでしょう。

私が単語カードを勧めると、「わざわざ作らなくてもスマホのアプリで単語が覚えられるよ」という人がいます。私はアプリを利用していないので、善し悪しは判断できませんが、要は、自分に合った方法で単語を覚えればよいのです。

私は数十年も単語カードを使ってきて語彙力増強のコツをつかんだと自負しています。

単語カードに異を唱える人の中には「たくさん外国語の文章を読んでいれば単語は増える」などという意見があります。しかし、読書中に単語を見て覚えるよりも、いったん覚えた単語を思い出すほうが記憶に残りやすいのです。単語を思い出すことに成功するたびに、脳内にドーパミン（意欲を増進するホルモンの一種）が分泌され、ますます単語を覚えたくなるのです。

また、単語カードを作っておくのがいいのは、忘れたころにパラパラとめくれることです。いったん覚えた単語を忘れた場合でも、単語カードを取り出せば、最初に覚えたときよりも簡単に覚え直せます。

「覚える↓忘れる↓覚え直す」のサイクルを繰り返せば、長期記憶への保存が確実なものになります。それには単語カードがうってつけなのです。

語彙を増やすには② 大学ノートに書き出して覚える

単語は、単語カードを利用して細切れの時間に覚えています。ただし、なかなか覚えられない単語は、大学ノートに書き出して覚えています。視覚と触覚を同時に使って覚えるためです。

2つ以上の感覚を使えば、覚えやすくなるのです。声が出せる場所であれば、見て（視覚）、書いて（触覚）、聞く（聴覚）の3つの感覚を使えば、さらに覚えやすくなるでしょう。

さらに、せっかく単語を手書きするなら、丁寧な文字で書くといいでしょう。丁寧な文字で書こうとすれば、文字の形、大きさ、文字と文字の空間などにも注意しなければならなくなるため、書くこと自体が脳トレにもなります。また、そのようなトレーニングを積むことで綺麗な字が書けるようになりますので一石二鳥です。

また、外国語の書籍を読んで感銘したら、その箇所に線を引いておき、大学ノートに丁寧な字で書き写すこともお勧めします。私は聖書で実践しています。ノートに書き写すと、読解力や単語力が身につくだけでなく、そこに書かれたメッセージが神経に染みこみますし、綺麗な文字を書く練習にもなるからです。

パソコンが普及したから綺麗な字を書く必要はない、と主張する人もいます。しかしパソコンに頼りすぎると漢字すら忘れます。単語のスペリングは漢字以上に忘れやすいので、手書きすることで正しいスペリングを脳内に定着させるといいでしょう。

さらに、手書きの練習自体が、reading circuit（読むときに必要とされる神経細胞）を発達させるともいわれます。

つまり手書きの練習をするほど読解力も向上するのです。

今一度、手書きの価値を見直してみましょう。

語彙を増やすには③　記憶力の〝敵〟を避け、〝味方〟の力を借りる

多言語学習は、とにかく記憶力が物を言います。

記憶力を強化する〝味方〟の力を借り、記憶力を減退させる〝敵〟を避けるように心がけましょう。

まず〝味方〟は次のとおり。

・記憶力の味方① アロマテラピー

嗅覚を刺激するので脳が活性化されます。なかでもレモン、ローズマリー、ラベンダー、オレンジスイート、ユーカリなどが記憶力向上に効果的とされます。

また、レモンまたはペパーミントのいずれか好きなほうを嗅がせたところ、被験者の85%に脳血流量が増えた、という実験結果もあります。

自分の好きな香りを見つけてください。

私は長年、学習中はユーカリ、眠るときはラベンダーのアロマオイルを利用しています。

そのおかげか、ユーカリの香りを嗅ぐと学習スイッチが入ります。仕事部屋はもちろん、喫茶店にもアロマストーンを持参して嗅ぐようにしています（ただし、喫茶店によっては「他のお客様に迷惑になるので利用は控えてください」と注意される場合がありますので、空いている時間帯などに利用します）。
ラベンダーの香りを嗅ぐと、すぐに眠りに入れるので寝室で利用しています。

・記憶力の味方②　食べ物

カリフォルニア大学ロサンジェルス校デイヴィッド・ゲフィン医科大学院のレノア・エイラブ博士らの研究で、くるみの摂取が記憶力、集中力、情報処理速度を含めた認知機能試験の成績を向上させる可能性がある、と示されています。
くるみ以外のナッツ類（アーモンド、カシューナッツ、ピスタチオなど）も脳に良いとされるので、私は食塩無添加のナッツ類をおやつ代わりに食べています。

次に記憶力の〝敵〟を挙げましょう。

・記憶力の敵①　飲酒

アルコールは脳を萎縮させる効果があるといわれます。当然、記憶力も低下する可能性があります。
私は会合などで勧められたとき以外は飲酒しません。

・記憶力の敵② 睡眠不足

睡眠不足にも気をつけています。睡眠が不足すると認知機能が低下するため、記憶の整理ができない、物忘れが多くなる、思考力が低下するなどの悪影響があるからです。

以上、私の〝味方〟はせいぜいこの2つ、避けている〝敵〟もせいぜい2つですが、これだけでも効果を実感します。

クラシック音楽の中には記憶力増進に効果があると言われるものもあります。私は聴くだけでなくピアノで弾くので、それも記憶力強化になっているかもしれません。

自分に合った記憶力強化の〝味方〟をぜひ探してみてください。

A群	head, hair, forehead, temple, eyebrow, eye, pupil, eyeball, eyelash, eyelid, nose, cheek, ear, lobe, eardrum, mouth, lip, tongue, throat, tooth, chin, gum, false tooth, brain, cerebellum, cerebrum, skull, nape, collar bone, mustache
B群	head, breath, relative, nursery, conveyance, barber, liquors, police, artery, caravan, fatherland, memory, atavism, physicist, voltage, andesite, disarmament, inertia, logical, cognition, diversion, income, pole jump, stationary, watermark, arithmetic, seal, imprisonment, calamity

初級レベル①
カテゴリー別暗記法で覚える

語彙力強化については、「上級レベルに達した外国語」と「そうでない外国語」とでは分けて考える必要があります。

まず「入門レベルから初級レベルの外国語」の場合。

ぜひお勧めしたいのが「カテゴリー別」に単語を覚えることです。

上記のA群とB群の英単語を見比べてみてください。何か気付くことはあるでしょうか？

A群の単語はすべて「顔」の一部ですね。

それに対し、B群は単語同士、何の関連性もありません。

ここに挙げたほとんどが〝未知の単語〟だとしたら、A群とB群、どちらのほうが覚えやすいでしょうか？

実際に試すと、「顔のどこか」だとわかっているA群のほうが圧倒的に覚えやすいことがわかります。

いったん覚えた後、各単語の意味を思い出すとき、A群は「顔のどこか」という手がかりがありますが、B群は「手がかり」が何もありません。

pupil の意味を思い出すとき、「顔のどこか」という手がかりがあるのと、何の手がかりもないのとでは、思い出す負担は雲泥の差になります。

「まゆだったかな、いや違う。鼻だったかな、いや違う。瞳、そうそう、これは瞳だった」という具合に一つひとつ潰せば、思い出しやすいのです。

（「カテゴリー別」に単語を覚えればいいのはわかったけれど、自分で分類するとしたら、それはそれで大変ではないの？）と思われる方もいるかもしれません。

まずは「カテゴリー別」の単語集がないか、ネットで調べてみましょう。

私は、ドイツ語、フランス語、イタリア語、スペイン語、中国語に関しては、カテゴリー別に覚えられる単語集を入手し、単語力をアップしました。

参考までに、私が利用した単語集を挙げます。

・スペイン語……『スペイン語分類単語集』（大学書林）
・イタリア語……『イタリア語分類単語集』（大学書林）
・ドイツ語……『ドイツ語分類単語集』（大学書林）、『独検イラスト単語集 2・3・4級レベル』（三修社）
・フランス語……『フランス語分類単語集』（大学書林）、『仏検イラスト単語集 準1〜準2級レベル』（三修社）
・中国語……『暮らしの中国語単語10，000』（語研）

初級レベル② 音源付きの単語集で覚える

入門～初級レベルの場合、「カテゴリー別の単語集」に加え、音源付きの単語集を勧めます。単語を視覚だけで覚えるより、視覚と聴覚のダブルのほうが覚えやすいからです。特に中国語やロシア語の場合、漢字やキリル文字だけを見ても、最初の頃はそれがどのような発音かがわかりにくいので、音源付きの単語集で覚えることを勧めます。

中級レベルは、単語解説のある対訳本＋音源で覚える

よく「単語は文脈の中で覚えるのが一番良い」と主張する人を見かけます。それも一理あります。しかし、中級レベルに達したら、未知の単語を覚えていこうと思えば、新たに読む文章に都合良く未知の単語があるとは限りません。

かといって、自分が読みたいか読みたくないかも度外視して、未知の単語がたくさん含まれていそうな難易度の高い文章を読むとしたら苦痛に感じると思います。しかも覚えた

い単語が都合良く含まれているとは限りません。

したがって、読解とは別に、単語は単語で覚えたほうが効率は良いのです。

しかし、いきなり原書を読み始め、わからない単語をいちいち辞書で調べ、それを単語カードや大学ノートに書いて……という作業はとても骨の折れるものです。

途中で調べることは大きな障害で、せっかくまとまった時間を費やしても、ほんの数ページしか読み進まなかった、となりかねません。それでは本を読む楽しみが半減します。

そこでお勧めしたいのは、外国語学習者向けの対訳本で単語解説が載っているものです。そのようなものなら、いちいち辞書で調べなくてすむので、読解もはかどります。

特に私のお気に入りは、三修社から出ている『耳が喜ぶ〇〇語』シリーズです。ドイツ語、フランス語、スペイン語、イタリア語、中国語、ロシア語、韓国語とすべて持っています。その他、私が愛用する対訳本の一部を挙げます。

・フランス語……『フランス語で読む星の王子さま』『フランス語で読むシャルル・ペローのおとぎ話』『フランス語で読む怪盗ルパン傑作短編集』（以上、ＩＢＣパブリッシング）、『現地収録！　フランス語でめぐるPARIS』（ジャパンタイムズ出版）、『フランス語で読む「恐るべき子どもたち」』『「レ・ミゼラブル」を読みなおす』『フランス語で読む「赤と黒」』（以上、白水社）

・韓国語……『韓国語で楽しむ世界昔ばなし』『韓国語で楽しむ日本昔ばなし』（以上、IBCパブリッシング）、『やさしい韓国語で読む世界の名作文学』（HANA）

・イタリア語……『ドクトル・ダリウスの事件簿』（NHK出版）

・ドイツ語……『ドイツ語で楽しむ日本昔ばなし』『ドイツ語で読む星の王子さま』（以上、IBCパブリッシング）

・中国語……『中国語で短編小説を読もう！　靴屋と市長』『中国語で短編小説を読もう！　天下無賊』（以上、語研）、『庶民が話す本場の中国語Ⅰ』『庶民が話す本場の中国語Ⅱ』（以上、晨鶏舎）

・ロシア語……『『アンナ・カレーニナ』を読む』（ナウカ出版）

ほかにもぜひ、興味のある対訳本を探してみてください。

上級レベルの人は、読みまくり聞きまくりながら未知の単語を覚える

上級レベルに達したら、ただひたすら読む量・聴く量を増やせばいいでしょう。

単語カードを作る、紙に書き出す、といったことをしなくてもかまいません。

上級者用の単語集などで覚えることが悪いわけではありませんが、すでにスラスラ外国語を読んだり聴いたりできるなら、未知の単語が出たときに注意を払っておくらいでも十分です。

なぜなら未知の単語を仮に覚えたとしても、書物や音源などで出てくる頻度は低いですし、出てくる頻度が低いほど、覚えるモチベーションも下がるからです。

私自身、単語カードで英単語を覚えたのはイギリス留学前（30歳）まででした。

帰国後は、英語力を向上させるための学習ではなく、もっぱら英語で読んだり聴いたりするのみです。

第5章

多言語に手を広げるコツ

英語以外〝食わず嫌い〟はもったいない

「英語だけにしておくか、英語以外もやるか」というのは悩ましい問題です。人によって事情が違いますし、同じ人でもライフステージによって事情が変わってきますので、唯一の正解はありません。

ただ、せっかく英語を学習したのなら、もう1～2言語学んでみないともったいないように思います。どんな言語にせよ、ゼロから英語を学ぶ労力と比べれば、はるかに少ない労力ですむからです。

私の実感でいえば、英語の「兄弟」ともいえるドイツ語は、ゼロから英語を学ぶ労力の5分の1ですみます。

また英語の「いとこ」ともいえるフランス語、スペイン語、イタリア語は3分の1ですみます。

さらに英語とフランス語を学んだあとに、フランス語の「兄弟」ともいえるスペイン語やイタリア語を学ぶとすれば、英語やフランス語の知識を活かせるので、フランス語を学ぶときの5分の1、つまり英語を学んだときの15分の1の労力ですみます。

この「〇分の1」という数字は英語の習熟度によっても変わりますが、ゼロから英語を学ぶ労力より、はるかに少ない労力ですむことは確かです。

中国語は英語の知識は活かせませんが、漢字の知識が活かせます。

私たちは小学校、中学校、高校で何百回も漢字のテストを受けてきています。成人後も新聞や雑誌、書籍を読んでいるので漢字の知識は増えています。その知識を、中国語を学ぶときにフルに使えるのです。

たとえば日本語の「猫」は中国語でも「猫」ですが、スペイン語で猫は「gato」です。スペイン人から比べれば、日本人は圧倒的なアドバンテージがあるとわかるでしょう。

また「パンダ」は中国語では「猫熊」（熊猫とも表記する）で、「猫のような熊」と一瞬で覚えられます。一方、非漢字圏の人には、一瞬で「猫熊」を覚える芸当はまず不可能でしょう。それくらい私たちは、中国語へのアドバンテージがあるのです。これを利用しない手はありません。

挑戦すると、脳が活性化する

私は50歳まで、英語以外を学ぶ意義がわからず、英語一本主義でした。

しかし今は考えが変わりました。理由の一つは、英語が上級レベルに達したら、英語の文法がすでに脳になじんでいるので、学習を続けても脳トレ効果があまり期待できなくなるためです。

脳内科医の加藤俊徳氏は、

「日常的によく使う脳番地は神経細胞同士のネットワークが強く結びついていて発達（高速道路化）している」と述べています。

英語が上級レベルに達した人は、英語の情報処理能力が高速道路化したようなものです。

一般の人から見ればすごいことでしょうが、高速道路化した人が高速道路を走っても、脳トレの効果はあまり期待できません。彼らにとっては「たやすいこと」だからです。

脳トレの効果を期待するなら、慣れないことにチャレンジしたほうが効果的です。

そういった観点からも、英語が上級レベルに達したあかつきには、英語以外の学習を勧めたいのです。

英語以外に何語を学ぶべきか？

英語以外に学ぶなら何語がいいか？

人によっても異なりますが、最終的には、学ぶ動機しだいです。

知識やスキルを得てお金儲けしたい人と、そうでない人とでは、学ぶべき言語が異なります。通訳になりたいなら、通訳の仕事の需要がありそうな言語、翻訳家になりたいなら、翻訳の仕事の需要がありそうな言語を選びたくなるでしょう。

また、その言語が話されている国に対する興味の度合いによっても異なります。

したがって、どの言語を学ぶべきだという問いに対する、唯一の正解はありません。

ここでは、「外国人と接する機会がほとんどない日本人が、独学で、読む楽しみ・聴く楽しみを味わうには」という前提で、何語を学ぶべきか考えてみましょう。

最低条件として、私は次の４つを挙げます。

・新しい言語を始める条件①　入門書が入手できる

これが一番重要です。

どの言語でも、その言語で書かれた本がいきなり読めるはずはありませんから、入門書はどうしても必要です。まずはそこからスタートです。

何十冊もそろえる必要はありませんが、数冊は入手しましょう。

フランス語、ドイツ語、イタリア語、スペイン語、中国語、韓国語、ロシア語などのメジャーな言語であれば容易に入手できますが、マイナーな言語を学んでみたい人は、まず真っ先に、入門書が入手できるかどうか確かめましょう。

日本語で書かれた入門書が理想的ですが、入手できない場合でも、英語が読める人なら英語で書かれた入門書（たとえば『Teach Yourself』のシリーズ）を使う手もあります。

私もフランス語、イタリア語、スペイン語、中国語、韓国語、ロシア語の独学は、入門書からスタートしました。

ただし、それらの入門書をしあげてから読物を読み始めたわけではなく、入門書で学習しながら、同時にその言語で書かれた小説を読み始めました。正直、入門書を仕上げることは、小説を読むことと比べれば面白みに欠けます。

入門書に飽きたら、小説や映画など楽しめるものに手を出すことをお勧めします。

・新しい言語を始める条件② 音源付きの原書を入手できる

入門書だけで満足する人はほとんどいないでしょう。

入門書に取り組むのは、野球にたとえれば、ピッチングマシンでバッティング練習をするようなものです。ピッチングマシンから投げ出される球が人工的であるのと同じように、入門書の文は人工的なものがほとんどです。そこに「読む楽しみ・聴く楽しみ」を見いだそうとしても無理があります。

野球の醍醐味はバッティング練習ではなく試合にあるのと同じで、外国語学習の醍醐味も練習（入門書での学習）ではなく試合（言語による意思伝達など）にあります。

ただ、ほとんどの日本人は英語以外を話す機会があまりないですから、〝試合〟をするには書物を読むのが一番です。フランス語ならフランスの出版社から出ている書物、ドイツ語ならドイツの出版社から出ている書物……という具合です。

加えて、私は音源（ＣＤまたはＭＰ３）付き書籍があることを条件としています。難解なテキストでも、聴きながら読めたほうが、読み進めやすいからです。

読むのに疲れたらベッドに横たわって聴けるのも、音源付き書籍を求める理由です。

音源付き書物が入手できるか確認しましょう。手にとれる書店があればベストですが、なくてもインターネット経由で入手できるか確認しましょう。

•新しい言語を始める条件③　日本で受けられる検定試験がある

「読む楽しみ・聴く楽しみ」のためには、少なくとも中級レベルまでは達するべきだというのが私の考えです。

初級レベルでは「聴く楽しみ」が味わえるほどのリスニング力はありませんし、「読む楽しみ」を味わうには初級レベルの本の数は少ないからです。

中級レベルに達すれば、読める書籍の数はぐんと増え、「聴く楽しみ」も徐々に味わえます。初級レベルで終わらせるのは、とてももったいないのです。

私の場合、中級レベルに達するには検定試験が必要でした。というのも、生きていく上で、フランス語もイタリア語、スペイン語、中国語も、やらなくても不都合はなく、お金儲けに直結するとはかぎらないからです。「やらなくてもいい」ことを独学で続けるには何らかのモチベーションが必要だったのです。

ちなみに現在（2025年2月）、英語、フランス語、ドイツ語、イタリア語、スペイン語、中国語、韓国語、ロシア語、タイ語、インドネシア語は、日本で検定試験を受けられます。

・新しい言語を始める条件④　電子辞書がある

私の場合、電子辞書が入手できるか否かも、学習する言語を決める条件です。

辞書で引くと、おそろしく時間と労力がかかるので、途中で投げ出すのが目に見えるからです。

以上、新たに学ぶ外国語を選ぶときの条件を４つ挙げました。

これらはあくまで私にとっての条件です。ですから、電子辞書がなくてもかまわない人や、検定試験がなくても自分を動機づけられる人がいてもおかしくはありません。

重要なことは、新しい言語にチャレンジする前に、長続きできそうか自問しながら自分なりの条件を考えてみることです。

学習の初期は「読む」「聴く」に専念する

新しい言語を始めるとき、スピーキング、リスニング、ライティング、リーディングの４つを同時に学ぶほうがいいか？　それとも、１〜２つに絞るほうがいいか？

この点を考える前に、まず、英語や第二外国語について考えてみましょう。

日本人のほぼ１００％が英語を学んでいるはずですし、大卒者のほとんどは第二外国語も学んでいるはずです。ですから、だれしもある程度の英語の知識をもち、大卒者なら第二外国語の知識もあるはずです。

すでに学んだことのある外国語を引き続き勉強する場合、4技能を同時に磨くことが理想的です。ただし、まったく新しい言語をゼロから学ぶときは一定の「沈黙期間」を設けるべきだという専門家が多いようです。

沈黙期間とは、リーディングとリスニングのみを磨く期間のことです。初期はその2つに絞ったほうが、なまじっか4技能すべてに神経を分散するよりも理解力が向上しやすいわけです。

じつは人間は母国語を習得するときも、しばらく「沈黙期間」を設けています。

赤ん坊を観察すれば一目瞭然ですね。赤ん坊は沈黙期間中、両親や兄弟などまわりが言っている内容を理解しようと努めます。

したがって、ある言語を初めて学ぶ際、しばらくは沈黙期間を設けるほうが自然であり、理解力が向上しやすいのです。

では、どれくらいの沈黙期間が最適でしょうか?

個人的な感想を言えば、フランス語なら少なくとも仏検3級レベルまで、ドイツ語なら独検3級レベルくらいまでは「沈黙期間」でもいいように思います。それまではひたすらリーディングとリスニングに集中するのです。

各レベルに達するまでは個人差があり、人によっては数週間かもしれませんし、数か月、数年間かもしれません。

もっとも、沈黙期間を設けず一刻も早くスピーキングを練習したい人もいると思います。海外出張が決まった、外国人観光客がよく訪れる職場に就職した、外国人の恋人ができたなどの事情がある人は、悠長なことを言っていられません。嫌にならない程度にスピーキングの練習を取り入れるといいでしょう。

最大いくつの言語を学ぶべきか？

「何言語を学習すればいいか？」という質問には、「何語を学べばいいか？」という質問と同様、唯一の正解はありません。

ただし外国人と接する機会がほとんどない日本人が、独学で「読む楽しみ」「聴く楽しみ」を味わえるようになる、という前提で考えれば話は変わります。

その前提なら、「自分が費やせる時間・労力・お金を考慮したうえで、最低限、中級レベルに到達できそうな言語」をお勧めします。

なぜなら私の経験から言っても、初級〜基礎レベルの実力だと「聴く楽しみ」はほとんど味わえませんし、「読む楽しみ」は味わえても極めて限定的だからです。

・私が考える中級レベルの指標

CEFR《セファール》のB1レベルが中級レベルですので、各検定に「B1」と記載されていれば中級と見なしていいでしょう。一方、日本の団体が実施している各検定はあくまで目安として考えてください。

英語……英検2級、TOEIC550〜780
ドイツ語……ドイツ語技能検定2級

フランス語……実用フランス語技能検定2級
イタリア語……イタリア語検定3級
スペイン語……スペイン語技能検定3級
中国語……HSK3級、中国語検定4級
韓国語……ハングル能力検定3級～準2級、TOPIK4級
ロシア語……ロシア語能力検定2級～3級

英語なら入門～初級レベル（CEFRのA1～A2レベル）の本でも豊富にありますが、英語以外は、数が少ないのです。それだと、費やした努力が十分に報われません。

ところが、中級に達すれば楽しみの度合いが急に大きくなります。

洋画を見ても理解できるセリフが多くなりますし、読める原書の数も一段と増えます。

中級に達して初めて、費やした労力が報われるといっても過言ではありません。

ですから、せっかく学習するなら闇雲に見切り発車するよりも、最低限中級レベルに到達できそうかどうか、吟味をお勧めします。

中級レベルに達するには、それ相当の時間・労力・お金がかかります。

一つの言語をマスターした後で、似通った別の言語を学べば早く上達しますが、それでも中級レベルに達するのは容易ではありません。

私自身の経験から言っても、中級レベルの原書が読めるまで最低1年はかかります。

複数の言語ができれば、さまざまな「読む楽しみ」「聴く楽しみ」が味わえます。2言語が理解できる人よりも3言語ができる人、3言語が理解できる人よりも4言語ができる人のほうが、味わえる楽しみの種類が豊富といえます。

ただ、学ぶ言語の数をやみくもに増やせばいいというわけではありません。

一人の人間が言語を学ぶ上で費やせる労力・時間・お金には限度があります。

学習時間だけを考えてみても、効果的な学習をするには週に平均10〜12時間が必要という統計があります。

週に5〜6日学習するなら、1日平均2時間の学習が必要になります。同時に2言語も3言語もやろうとすると、時間的な負担が相当大きくなります。

たとえば、同時に2言語やるなら1日平均4時間、3言語やるなら1日平均6時間……

という具合です。

しかも負担は時間や労力だけではありません。入門書をはじめとする書籍や辞書、検定試験などの出費がかかります。お金が足りなくなって学習が怠りがちにならないよう、事前にある程度、経済事情も考慮しておくべきです。


私は自由業ゆえに時間と労力に比較的余裕があったので、8言語に挑戦できたのですが、会社員や主婦であれば、語学学習に週に何十時間も割くのは困難でしょう。ご自身の事情を考慮したうえで1言語ずつ増やすのが賢明といえます。

多言語を同時に学んで混乱しないのか？

「そんなにたくさんの言語を学んで混乱しないのですか？」と質問されることがあります。

少なくとも私の経験上、まったく問題ありません。

ただし、イタリア語とスペイン語などのように似通った言語同士の場合、何か言おうとして出てきた言葉がイタリア語かスペイン語かわからなくなることはあります。

たとえば、1月、2月、3月、4月……は、イタリア語ではgennaio, febbraio, marzo, aprile…ですが、スペイン語ではenero, febrero, marzo, abril……です。

3月は綴《つづ》りが同じで、2月や4月は少し異なるだけですから、「はて、スペイン語で2月はfebbraioだったかfebreroだったか、4月はaprileだったかabrilだったか?」と混乱するわけです。

私自身、何度もそのような経験があり、似通っているから混乱するのだな……と意識できています。

しかし、混乱は心配しなくていい、と断言できます。

たしかに似ている言葉もたくさんありますから、とっさに思い出せないことはあります。しかし心配するほどではありません。リーディングやリスニングに関しては、自ら言葉を発信するわけではないので混乱のしようがないからです。

先の例でいえば、febbraioだろうがfebreroだろうが「2月」だとわかりますし、aprileだろうがabrilだろうが「4月」だとわかりますから、イタリア語やスペイン語を読むときや聴くときに困ることはないのです。

同時に学ぶか、1言語集中か？

私がよく受ける質問の1つが「多言語を同時に勉強するのか、一時期に1言語だけに専念するのか？」です。これについて、長年の経験からたどり着いた答えを述べます。

1つは、一時期にメインで学習する外国語は1言語に絞り、メイン言語をローテーションで回すことです。

3言語を学ぶ人は3言語をローテーションで回し、4言語の人は4言語をローテーションで回す……という単純なもの。名付けて〝ローテンション学習法〟です。

メインを1言語に絞る理由は、同時に複数を学習すると、確保できる時間が減るからです。単純計算で、2言語を学ぶなら学習時間が2分の1、3言語なら3分の1、4言語ならは4分の1に減ります。

仮に1日1時間を学習に割く場合、4言語を同時に学習すると、1言語あたり15分しかありません。イタリア語で書かれた小説を読み始めても、15分でやめなければなりません。その後、スペイン語の小説も15分、中国語の小説も15分……、それでは1つ1つの小説の進み具合が遅くなります。

メイン言語を1言語に絞ったほうが、小説などにも取り組みやすいのです。

また、一定期間が空けば、〝再会〟の感激もひとしおです。

私は8言語を学習していますので、いったんメインで学習する期間を設けても、次に回ってくるまで1年以上かかることがあります。しかし空白期間のあとに〝再会〟すると新鮮な気持ちで学習に取り組めます。休んでいる間に、次に読みたい小説を入手しておくと、言語に対する恋情も高ぶってきます。

次に、サブの外国語は、あくまで余裕があるときの学習にとどめることです。

メイン言語がドイツ語なら、小説もドイツ語、映画もドイツ語、覚える単語もドイツ語、学校で受講するのもドイツのレッスン……とし、余裕があれば、気分転換のために他の外国語に手を出します。

私がたどり着いた〝ローテーション学習法〟

メイン言語は一時期に1言語に絞るとして、ではその一時期をどれくらいの長さに設定すればいいのか。私は2～3か月。検定試験の受験スケジュールに一致させているからです。

言語にもよりますが、外国語の検定試験は年に数回あります。うまく組み合わせて、検定試験の日程に応じてローテーションで学習する言語を変えるのです。

2024年の私の受験スケジュールは次のとおり。

1月＝HSK（中国語検定）
3月＝イタリア語検定
6月上旬＝ハングル能力検定／6月下旬＝スペイン語検定

10月＝ロシア語検定
12月＝ドイツ語検定

1月のHSKが終わるまでは、中国語をメインに学習し、HSKの受験後から3月のイタリア語検定が終わるまでは、イタリア語をメインに学習します。

同じように韓国語、スペイン語、ロシア語、ドイツ語……とメイン言語を1か月〜3か月ごとにローテーションで回します。

英語・中国語・日本語が堪能な知人から「宮崎さんのように多言語を学んでみたいと常々思っているのですが、どうやってモチベーションを維持しているのですか？」と訊《き》かれたことがあります。

私が独自に生み出した〝ローテーション学習法〟を披露すると、目を丸くして「そんな良い方法があったのですね。私も真似してみます」と喜んでくれました。

検定試験が良いモチベーションになるなら、利用しない手はありません。多言語学習に挑戦したい方には、検定試験の日程に合わせたローテーション学習法をお勧めします。

コラム　ロンドン大学遠隔教育VS.コーセラ

グローバル時代が到来した今、外国語を通して学問を志す人にとっては多様な道が開かれています。

私はロンドン大学の遠隔教育（distance learning）と、MOOCs《ムークス》（オンラインで受講できる大学や研究機関の講座）の一つであるコーセラ（Coursera）で学んだ経験があります。各種外国語の検定試験の問題集を解いたりすることから比べれば、哲学、神学、心理学、教育学など興味がある分野を外国語で学ぶことは、はるかに興味深く感じました。

では、ロンドン大学の遠隔教育と、コーセラを比べてみましょう。

最初に言っておきたいことは、両者ともメリット・デメリットがあり、一概に優劣をつけるのは難しいということです。自分に合った方法を選ぶのが一番だと思います。

まず学費です。ロンドン大学遠隔教育は、通学課程の学費と比べれば、断然安上がりです。短期で修了可能なディプロマ課程やサーティフィケート課程は、学士課程の半額以下での取得も可能です。

一方、コーセラは、無料で受けられる講座がたくさんあります。修了書を取得するには費用がかかりますが、修了証がなくてもよければ、まったくの無料でも勉強ができます。ちなみに私はすべて無料で受講しています。

次に学習形態です。ロンドン大学は、ほとんどの科目は書籍を通して最終試験に向けて勉強し、学部によっては卒論を書きます。ですから必要とされる英語力はリーディングとライティングのみです。

一方、コーセラでは、動画を視聴し解答する学習形態ですからリスニング力が最も必要とされます。ただし、動画を視聴していれば解ける問題ばかりなので書籍を読むことは求められていません。問題はマルティプルチョイスのものが多いですが、ときに解答を書き入れるものもありますので、多少のライティング力も求められます。

次に講座の種類を比べてみましょう。ロンドン大学では、科目の数はたくさんありますが、いずれかの学部に所属しますので、必然的に自分の学部の科目を履修することになります。哲学部在籍中に私が履修したのは、すべて哲学の科目でした。

一方、コーセラでは、世界のトップレベルの大学が公開している莫大な数の講座の中から自分が受講したい科目を次から次へと自由に選べます。私は哲学、心理学、建築学、物理学など多岐にわたる学問領域に挑戦しました。

総じて言えば、しっかりと腰を据えて一つの学問領域に取り組みたい人にはロンドン大学遠隔教育、興味本意に次から次へとさまざまなことを学びたい人にはコーセラが向いているでしょう。

経済的な面や学問的業績の面では、お金をかけても学位やディプロマを取得したい人はロンドン大学遠隔教育、とにかく安く学びたい人はコーセラが向いているでしょう。

さらに磨きたい英語力についていえば、しっかりとした読解力をつけたい人はロンドン大学遠隔教育、リスニング力を鍛えたい人はコーセラが向いているでしょう。

※参考：ロンドン大学遠隔教育の公式サイト http://www.londoninternational.ac.uk/
　コーセラの公式サイト https://www.coursera.org/

第6章

外国語を学べば頭が良くなる

外国語学習の魅力の中で、私がもっとも伝えたいのは、外国語学習をすれば驚くほど頭が良くなるということです。この事実は、これから外国語学習を始める人に強力な動機となるでしょう。本章では、具体的に頭がどう良くなるのかを説明します。

外国語学習で脳トレする11のメリット

外国語学習をすれば実力がつくことはもちろん、それ以外にも次のようなメリットがあるとさまざまな文献に載っています。

①思い出す力が向上する
②集中力が改善する
③雑音を無視する力が高まる
④母国語も磨かれ、言い間違いが減る
⑤数学の点数が上がる

⑥外国語学習で脳の構造自体が変わる
⑦脳のワーキングメモリが増える
⑧アルツハイマー病の発症時期を遅らせることができる
⑨創造性や問題解決能力が向上する
⑩推論能力が高まる
⑪コミュニケーション力が改善する

外国語を学ぶ際、単語を覚えたり、神経を集中して読んだり聴いたりしますので、①思い出す力が向上する、②集中力が改善する、といったメリットは明らかです。

それ以外についてお伝えしましょう。

③雑音を無視する力が高まる

外国語学習は、それ自体が脳トレになりますので、言語処理能力が高まります。言語処理能力が高まるほど、言語的負荷が少なくなるので、無意識のうちに重要な情報に注意が向くようになります。

④母国語も磨かれ、言い間違いが減る

人は母国語をしゃべるときでさえ、言い間違いをします。「フランシスコ・ザビエル」を「サンフランシスコ・ザビエル」と言い間違えるのは、「フランシスコ」と「サンフランシスコ」の発音が似ているからです。

想起したい言葉1つだけがピンポイントで想起されるのではなく、似たような発音の言葉や似たような概念の言葉が同時に活性化され、その中から口から発するときに間違った言葉を選んでしまうのです。

したがって、似たような言葉が脳の中にたくさん入っているほど、言葉の候補が多くなるため、選ぶ際に脳に負担がかかります。

多言語を学ぶ場合、母国語以外にも多くの単語を脳の中に保有しますから、口から言葉を発するときに、より大きな負荷がかかります。

負荷がかかるほど、言葉を選ぶ力も磨かれ、言い間違いが少なくなります。

そしてその能力は、母国語を選ぶ際にも活かされるのです。

⑤数学の点数が上がる

外国語を学ぶ生徒と学ばない生徒を比べた、米国の研究結果があります。

その結果によれば、外国語を学んだ生徒は、学ばなかった生徒より、数学の点数が高かったそうです。しかも興味深いことに、外国語の履修年限が長いほど、数学の点数の差に開きが出たそうです。

ある言語学者は、新しい言語を学ぶと新しい論理思考が身につくため、それが数学の点数の向上にもつながる、という見解を表しています。

⑥外国語学習で脳の構造自体が変わる

スウェーデンの心理学者・モーテンソンらは、18歳の男子に通訳養成コースを3か月受講させ、受講前後の脳の構造を調べる研究をおこないました。

実験期間中に母国語で講義を受けた人に変化はありませんでしたが、外国語の訓練を受けた人は、海馬が大きくなるなど脳の構造に変化があったそうです。

外国語を使うときは、母国語では使わない神経回路を使うわけですから、自然なこととといえます。

⑦脳のワーキングメモリが増える

「ワーキングメモリ」とは、物事をやり遂げるために必要な情報を一時的に記憶し、処理する脳の機能のことです。

ワーキングメモリの容量が少ないと、聞いたことがなかなか覚えられない、物忘れが激しくなる、計算ができなくなる……ということが起きます。

外国語会話の練習をすれば、ワーキングメモリが増えるといわれます。

この人と話すときは日本語、あの人とは英語、この人とはフランス語……という具合に、相手よって言語を切り替えるとしたら、使っていない脳の部位を抑制し、使っている部位に注意を向けなければならないため、ワーキングメモリが増えるのです。

⑧アルツハイマー病の発症時期を遅らせることができる

アルツハイマー病は、脳神経細胞の減少や脳全体の萎縮などによって引き起こされる認知症の一種です。現在、完治させる薬はなく、進行を遅らせる効果や症状を和らげる薬しかありません。

発症を遅らせる薬が次々と開発されていますが、現在もっとも効果的なものでも、発症を遅らせる効果はせいぜい半年といわれます。

バイリンガルはモノリンガルよりもアルツハイマー病の発症が遅いことが、数多くの研究論文で発表されています。アルツハイマー病発症予防のために第二言語を学ぶべきという学者もいます。

いくら良い薬が開発されたとしても、化学物質を体内に入れることは副作用のリスクがつきものです。

一方、外国語学習は副作用のリスクはゼロです。しかも、薬以上に発症を遅らせる効果があるのが外国語学習なのです。

⑨創造性や問題解決能力が向上する

数字の「4」を作るとき、どんな作り方を考えますか？

自然数しか知らない人が足し算だけで「4」を作ろうとすると、「1＋3」「2＋2」「0＋4」以外は思いつかないことでしょう。

しかし引き算も知っているなら、「10－6」も「8－4」も「9660－9656」も考えられるでしょう。世界が一気に広がるのです。さらに掛け算や割り算も小数点も分数も知っているなら、計算方法は無限に考えられるでしょう。

母国語しか知らない人は、母国語の制約を受けます。日本語しか知らないことは、たとえていえば、足し算しか知らないようなものであり、1通りの考え方しかできないということです。

ところが外国語で物事を考えるようになれば、脳が活性化されるため、母国語の制約から解放されます。1通りでなく別の考え方もできるようになります。2言語より3言語、3言語より4言語のほうが、より多くの神経細胞が活性化されるのです。

その結果、母国語だけで物事を考える人が思いつかないような、創造的な考え方ができるようになり、問題解決能力も向上するのです。

ある職場での話です。そこでは30年以上にわたって、ある単純作業をおこなっていました。半日くらいかかる単純作業で、やりたがる人はいませんでした。

ある日、私が「こうすればもっと早く終わるのではないですか」と提案したところ、30分もかからずに終わるようになりました。その後も、私流の新しい方法を提案すると次々と採用されました。やがてまわりから「宮崎教授」「宮崎博士」とあだ名がつけられて感謝されました。

「こうするのが当たり前だ」「今まで何十年もこの方法でやってきて、特に問題が生じなかった」という目で物事を眺めていると、改善点は思い浮かびません。先の例でいえば、足し算だけで考えているようなものです。

しかし、「もっと改善できることはないだろうか」と新鮮な目を向ければ、改善点があちらこちらに見つかるものなのです。外国語学習をすれば脳内に新しい神経回路ができ、物事に新鮮な目を向けることができます。創造性や問題解決能力を向上させる有効な手段だといえます。

⑩推論能力が高まる

私は哲学の一部門である「認識論」を学んで、「これは絶対に間違いない」と認識しても、その認識が間違っていることが往々にしてある、と痛感しました。自分の認識を過信しなくなり、他人に押しつけなくなったのです。

ところが世の中には自分が〝推論〟しただけなのに、それが絶対に正しいと信じているかのように他人に押しつける人がいます。

きっと押しつけられた人は迷惑千万でしょう。だからこそ正しい推論は大切だと思うのですが、じつは推論能力を高めるのに外国語学習が役立つという実験結果があります。

推論の方法に「演繹法《えんえき》」と「帰納法《きのう》」があります。

「演繹法」とは、一般的な理論によって特殊なものを推論することです。

たとえば「一般名詞の語尾にsを付ければ、複数を意味する」と先に教えておいて、dogsは単数形か複数形かを推論させるのが、演繹的学習といえます。

一方の「帰納法」とは、個々の具体的な事例から、一般に通用するような法則を導き出すことです。たとえば、dog の意味だけを教えておき、one dog や two dogs, three dogs が英文に出てくるのを何度も見させて、「もしかしたら複数を表すときに語尾に s を付けるのかな」と推論させるのが、帰納的学習といえます。

外国語学習者に演繹的学習をさせた場合と帰納的学習をさせた場合を比べた実験があります（矢田部清美氏による「外国語学習法の一般的認知機能への影響」）。

具体的には、ドイツ語を初めて習う大学生を演繹的学習群と帰納的学習群に分け、26週間後にドイツ語の実力の伸びと推論能力の実力の伸びを比べたものです。

実験結果によれば、ドイツ語の実力は、両者に有意な差は見られなかったものの、推論能力の実力は、帰納的学習者のほうが大いに伸びていました。

外国語学習をする際、帰納的学習をすれば推論能力が伸びうるのです。

章の最初に挙げた11のメリットのうち、⑩までを見てきました。

「⑪コミュニケーション力が改善する」については次章で詳しく解説します。

私の帰納法的外国語学習法

帰納法的学習法として、具体的に何をどうすればいいか？

私は多くの学習者のブログを読んで、率直に次のような感想をもちました。

――仏検合格に向け、延々と仏検対策の問題集に取り組むブロガー。3年も4年も5年も仏検対策を続けるも合格に至らず、ついには仏検と決別宣言。

また別のブロガーは伊検合格に向け、過去何年間分もの過去問を何周もやって伊検に挑戦するも合格に至らず、「ダメだった」とブログで告白。

それ以外にも検定試験の合否発表直後から急にブログ更新が止まる学習者など、枚挙にいとまがない。他人の学習法を否定するつもりはないが、ブログを読むたびに、(検定対策よりはるかに楽しい学習法もあるのになぁ。楽しく学習していれば、燃え尽きたり自己嫌悪に陥ったりせずにすむのになぁ）と思わずにはいられない。――

いかに多くの学習者が「合格」や「スコアアップ」などの〝外的報酬〟を得るために頑張っているか、その結果、燃え尽きたり自己嫌悪に陥ったりするかに驚かされます。

〝外的報酬〟を得るために頑張ることがいけないわけではありません。ただ、あまりにも多くの人が〝外的報酬〟を得るためだけに学習しているように思えてしまうのです。彼らには、もっと楽しく、推論能力も伸びる学習法を提唱したくなります。楽しい学習法なら燃え尽きたり自己嫌悪に陥ったりしないと思うからです。

英語学者の渡部昇一氏は、第二外国語をマスターしようとするのは多大なる時間の空費であると警鐘を鳴らし、対訳本で満足すべきだ、と主張しています。

私自身、7か国語（フランス語、ドイツ語、イタリア語、スペイン語、中国語、韓国語、ロシア語）の学習はずっと続けていますが、あくまで人生を豊かにすることが究極の目的であり、完全にマスターしてやろうという気などありません。

もし仮に完全マスターが必須なら……。想像するだけで息が詰まりそうです。

そういうわけで検定試験こそは受けているものの、最初から結果は度外視しています。問題集には手を出さず、原書を読んだり洋画を楽しんだり……と楽しむことをメインに学習を続けているのです。

学習そのものを楽しんでいると、試験に不合格でも落ち込まなくなります。

楽しむ方法はいくつかありますが、原書がスラスラ読める上級者以外は、原書の理解を深めるために、〝伴走者〟（あれば原書の訳本、映画、ドラマ、漫画、音源）を使うのがいいでしょう。

正確な文法はわからない、語彙もすべてわかるわけではない……でも、ひたすら楽しむために〝伴走者〟といっしょに読み進める。その結果どうなるでしょうか？

不慣れな文法も語彙も、何度も遭遇するうちに推論が働くようになり、だんだん理解が深まります。それこそが帰納法的学習法であり、知らず知らずのうちに、未知の文法や語彙に出くわしても推論が働くので、推論能力が高まりうるのです。

「学習者の注意が言語形式に向きすぎると内容へ向ける注意がおろそかになる。しかし、内容へ注意を向けると、内容を理解しながら言語形式にも注意を向けることができる」（『脳科学からの第二言語習得論』）ともいわれるように、内容そのものを理解しようと外国語の書籍を読み始めると、言語形式にも注意を向けることができます。

仕事で使わない外国語なら、こういう帰納的学習法を勧めます。外国語を楽しんでいれば、燃え尽きたり自己嫌悪に陥ったりせず、推論能力も高まるのです。ならば完全マスターしてやろうとガチガチに勉強するより、〝伴走者〟の力を借りて外国語を楽しみましょう。

私があえてスピーキングの練習を勧める理由①

私は数年前から7か国語（フランス語、中国語、ドイツ語、イタリア語、スペイン語、韓国語、ロシア語）のマンツーマンレッスンに通っています。

「仕事で使わない外国語はリーディングとリスニングで十分！」と思っていた私が、なぜ会話を習うのかといえば、それだけのお金と時間と労力をかけてでもメリットを感じるからです。

外国語学校「ベルリッツ」に通った、ある日の日記を紹介します。

——朝7時半、喫茶店に入り、ホットコーヒーで頭をスッキリさせる。

朝9時前に外国語学校に到着し、9時15分にマンツーマンレッスン開始。

40分のレッスン後、5分休憩。

レッスン再開し、さらに40分のレッスン。

正味80分のレッスンだが、終わる頃には疲労でヘトヘトになる。これは年齢のせいなのか、しゃべり慣れない外国語を、頭を駆使してしゃべったからか。真相は不明だが、そのまま家に帰って昼食をすませると一気に疲れが出てきて熟睡してしまう。

やっと目が覚めるのが午後2時とか3時。それでもかすかに疲労が溜まっている。

こんなに疲れるなんて……。

(※現在は午後にマンツーマンレッスンを受けています。午前中にレッスンを受けると疲労でしばらく何もできなくなるからです)——

本当にグッタリ疲れるのです。

では、会話を習うことにどんなメリットがあるのでしょうか？　単に外国語会話能力が身につくだけではなく、記憶力が良くなる、集中力がつく、推論能力が磨かれる、日本語の言葉の使い方もうまくなる…といったさまざまなメリットがありますが、ここでは別の観点からその利点を説明しましょう。

母国語を話すときは、脳にそれほど負担がかかりません。その証拠に（ごく一部の人を除けば）母国語はだれでも難なくしゃべることができます。

しかし逆にいえば、母国語を話しても脳に負担がかからないため、脳トレにはならないのです。それが如実に表れている実験結果があります。

母国語を聴いているときの脳血流量と、外国語を聴いているときの脳血流量を測定した実験です（大石晴美氏、木下徹氏による「第一言語処理と第二言語処理における脳活性状態の違い　日本語と英語のリスニングにおいて」）。

被験者は日本人と米国人。日本人が英語を聴いているとき、日本語を聴いているときより何倍も脳血流量が増えています。米国人が日本語を聴いているときも、似たような実験結果が出ています（英語を聴いているときより何倍も脳血流量が増えている）。

外国語を聴くには、それだけ脳に負荷がかかるため、脳血流量が増えるわけですが、その差が驚くほど大きいのです。サンプル数は少ないものの、この歴然とした差を見れば、外国語を聴くことがいかに脳に負担がかかるかが推測できるように思います。

脳血流量が増えれば、それだけ脳の機能が高まるといわれます。これは血液の大きな役割の一つが酸素や栄養素を運ぶことであることからもわかります。脳内の血液の循環が良くなるほど、脳内に酸素や栄養素が行きわたり、脳の健康状態も良くなるわけです。

この実験はリスニング時のデータなので、「だからリーディングとリスニングで十分じゃないか」という方がいると思います。しかし外国語会話のレッスンを受ければ、リスニング力が要求されるだけでなく（しかも目の前の外国人から直接話しかけられるわけですから、音声教材など以上に神経を集中して聴くことになり）、話すことも要求されます。言葉の意味、語順、発音などにも注意を払うので、リスニングだけよりも脳に負担がかかります。

というわけで、慣れない外国語を80分もしゃべり続けたら極度の疲労感に襲われるのも当然です。私がこの極度の疲労感を気に入っているのは、それだけ脳トレになっていると思うからです。実際、外国語学校に通い始めて、記憶力も日本語会話力も集中力もあがったように感じます。

さらに、外国人とペラペラ会話できるという一種の〝魔法〟にも喜びを感じます。この魅力にはまったら人生楽しくてたまらなくなります。そこには〝極度の疲労感〟を超える喜びがあるからです。外国語会話を勧めたい理由はそこにあります。

私があえてスピーキングの練習を勧める理由②

私が外国語会話の練習を勧めたい理由がもう一つあります。

何をしゃべろうかと意識しながら外国語をインプットすれば、緊張感が生まれ、記憶しやすくなるからです。

ワシントン大学のジョン・ネストイコ博士らの実験によれば、「後で別の人に教える」「後でテストをする」「特に何も指示しない」という3つのグループに、戦争映画に関する文章を読んでもらい、テストを実施したところ、「後で別の人に教える」を前提としたグループの成績がもっともよかったそうです。「後で別の人に教える」と意識するだけで緊張感が生まれ、記憶力も向上するからです。

私もそれを実感します。単に外国語の本を読むよりも、「機会があったらこの表現で話してみよう」とイメージしながら覚えると、スイスイ記憶できるのです。

たとえば、中国語の本を読んでいて「狐假虎威」という故事成語に出会ったとします。新しい言葉はなかなかすぐには覚えられないものですが、「授業で機会があったら使ってみよう」と、その言語を口にしているところをイメージしながら「狐假虎威」を何度も口に出せば、意外に記憶に定着します。実際にその言葉を使う機会に恵まれると、さらに頭に定着します。

外国語をしゃべる機会がある人は、読んでいる際に「今度こんなことを話してみよう」とイメージしながら単語や表現を覚えると効果的でしょう。

コラム　脳には多言語を学ぶ余裕がある

私は東京在住ですが、18歳まで広島県三原市の実家に住んでいました。当時は電車にもバスにもほとんど乗らない生活。遠出するとしても、父親の運転する自動車で行ける地点が最も遠く、一人だと自転車で行ける地点が限度でした。

そんな私が大学進学のため東京に出ると、まるで別世界。交通網が発達し、行きたいところに自由に行けます。30キロ離れた地点まで行くとき、電車、バス、地下鉄など、何通りもの移動方法が考えられるのです。

仮に、自分の街を自由に設計できる権限があるとします。住民が移動しやすい街作りをしたいとき、あなたはどのように設計しますか？

電車、バス、地下鉄……とさまざまな公共交通機関を作ろうと考えるのではないでしょうか。交通網が発達していれば、一つがふさがれても別の方法で移動できます。

一方、交通網が少ないほど、一つでもふさがれたら移動できない可能性が高まります。

脳の中の神経細胞も同じことがいえます。たくさん神経回路を張り巡らせておけば、それだけ情報伝達がしやすくなるのです。

仮に一つの神経回路が塞がれて「ど忘れ」しても、別の神経回路から情報が伝達されて「思い出す」ことができます。努力を積み重ねれば、脳の神経回路は驚くほど発達させることができるのです。

3桁の数字15個を1・61秒でフラッシュ暗算する人を、ユーチューブで見たことがあります。とても人間業とも思えませんでしたが、努力を積み重ねれば、そのようなことをできるのが脳なのです。

外国語にしても、努力しだいでは想像以上のことができるようになります。脳にはそれくらいのスペースは十分に残っています。事実、50歳でゼロから多国語学習を始めた私が、すでに8言語の原書を読んでいるのですから、外国語学習を諦める理由などありません。

ちなみにドイツ人のポリグロット(複数言語を使う人)、エミル・クレブスは、120言語を学び、60言語以上をマスターしたといわれます。少なくとも人間の脳は、そこまで多くの言語を学べる可能性があるのです。

第7章

多言語を学ぶと人間関係もうまくいく

外国語学習をすればコミュニケーション力を高めることができるといわれます。中でも私が注目したいのは「言語的寛容性」を身につけることができる、というメリットです。ただし、漫然と学習するだけでは、効果も限定的です。

そこで本章では、どのようなことに注意して努力すればいいかを説明します。

言葉についての大きな誤解

「言葉」とは、世界にある「物」や「概念」に名前を付けたものだと思っている人は多いでしょう。

たとえば「飲食物を口にしたときに得られる快感」に日本人は「おいしい」と名づけた、A国の人は「○○」と名づけた、B国の人は「××」と名づけた――。

しかし真相は違います。「物」や「概念」に名前を付けたわけではないのです。

どうして日本語では「おいしい」と言うかを考えてみると、大昔あるところで日本人の誰かが飲食物を口にしたときに「おいしい」と言い出し、それが広まって皆が「おいしい」と言い出した。それがある時期、正式に日本語として認められたのでしょう。

ところが中国では〝食べ物を口にしたときの快感〟と〝飲み物を口にしたときの快感〟は別の言葉で言い表します。前者は「ハオチー（好吃）」、後者は「ハオフー（好喝）」を使うのです。

もちろん使い分けるか否かのどちらが正しいわけではなく、たまたま日本では使い分けないのに、中国では使い分けるだけにすぎません。

（それは目に見えない「感覚」や「概念」のことで、「物」は独立しているではないか。だから「物」は、単に名前を付けているだけだろう）と思う人もいるでしょう。

しかしそれも誤解です。たとえば、日本語では「机」と「事務所」はまったく別ものですが、フランス語では「机」も「事務所」も bureau という単語で言い表します。このことから「言葉」がもともと世界に存在していた「物」や「概念」に名前を付けたものではないことがわかります。

言語とは、人間が五感で感じたり考えたりしたことを言葉にし、ほかの人と共有したものである、というのが真相なのです。

この真相が理解できると、外国でできあがった言語と日本でできあがった言語が、単に言葉の意味や発音だけではなく、その言葉に相当する物・概念、言葉のニュアンス、使っていい状況、話しかける相手との上下関係などさまざまな点で異なると理解できるでしょうし、相互理解のために乗り越えるべきハードルがたくさんあるとわかるでしょう。

日本人同士のコミュニケーションなら、あうんの呼吸で相互理解できる場合もありますが、母国語が異なる者同士のコミュニケーションは、そう簡単にはいかないのです。

外国語を学ぶと視野が広がる

多くの人はとかく〝慣れ親しんだもの〟が普通であり、〝見慣れないもの〟は普通でないと思いがちです。そのため、〝見慣れないこと〟をしている人を見れば、「そんなことをするのは間違っている」と非難したくなるでしょう。異文化を知らない人はそれだけ〝慣れ親しんだもの〟が少ないので、他人に非難の目を向けがちになります。

しかし〝慣れ親しんだもの〟を普通だと思い込むことは危険です。慣れ親しんでいるだけに過ぎず、そこに絶対的な価値があるわけではないからです。

もしかするとそれ自体が間違っている、あるいは他にもっと合理的な方法がある、ということは十分ありえます。

では、ここで〝見慣れないもの〟が見慣れないからという理由で間違っていることになるか考えてみましょう。

私がイギリス留学中に経験した話です。

当時30歳の私は、ホームステイ先のイギリス人夫婦と中学生の男の子と同じ家で暮らしていました。彼らは生粋のイギリス人。だからか私を〝変だ〟と思うことが多々あったようです。夫婦からは「日本ではそんなことするの？」と質問されましたが、中学生は遠慮などありません。〝変だ〟と思えば、すぐに口に出して騒ぎ立てました。

ある日、日本から送ってもらったカップヌードルを食べている私を見た彼は「わ〜、茶色のスープだ、汚い、汚い」と騒ぎ立てました。私が何度「汚いわけではない。日本ではこれが当たり前だ」と説明しても、まったく信じる様子がありませんでした。でも〝見慣れないもの〟に対する反応って、そんなものなのかもしれませんね。私も見慣れないエスニック料理は食べる勇気が湧かないことがありますから。

もう一つ印象に残っているのはマスクです。

私が留学していた1990年代当時のイギリスでは「医者が手術するときに使うもの」であり「一般人が使うもの」ではありませんでした。マスクをする私を見たイギリス人たちは「バカみたい。なぜそんなもの付けているの？」と驚くばかりでした。

ここで考えてほしいのです。

カップヌードルを食べることが「間違っている」ことでしょうか？　違いますね。ホームステイ先の男の子の目に「間違っている」と映ったかもしれませんが、それだけのこと。ではマスクをすることは「間違っている」でしょうか？　これも違いますね。事実、2020年勃発したパンデミック以降、世界中の多くの人がマスクをしました。

価値観は時と場所によって変わるのであり、自分が〝慣れ親しんでいるか〟否かが絶対的な価値判断の基準ではないのです。

だからといって価値観をもってはいけないというつもりはありません。

というより、だれもが「これは良い」「これは悪い」といった価値観をもっています。

しかし気を付けなければならないのは、その価値観はあくまで〝自分の価値観〟であり、普遍性があるわけではないということです。

それをわきまえておかないと、〝見慣れないこと〟をやっている人を見たら「この人はおかしなことをしている」と非難したくなるでしょう。

しかしそのような心的態度をもつこと自体、相手との間に壁を作る原因になるのです。

あなたは他人と仲良くやっていきたいですか？　それとも「この人はおかしい」と壁を作りたいですか？　みんなと仲良くしたいなら、壁を作らないよう自らの偏見を取り除く努力をしなければなりません。

外国語学習をすれば〝見慣れないこと〟に否応なしに遭遇しますから偏見を取り除く良

いきっかけになります。とかく外国は日本とは違うことだらけですから、外国語学習を、偏見を取り除く機会にもできるのです。

日本語しか使わない人の制約

私たちは物事を考えるとき、必ず言葉を使います。

もし「別に言葉を使わなくたって考えることはできるけれどなぁ」と思うなら、ためしに言葉を使わずに考えてみてください。

「熱い」「美味しい」「痛い」と感じることはできます。しかし、心の中では「あつっ」「うまっ」「いたっ」という言葉が浮かんでいないでしょうか。

ましてや、もっと複雑なことを考えるとき、何の言葉も使わずにすむでしょうか? まず無理でしょう。

そこで、日本語しかできない人は、日本語を通してしか物事を考えることができないという事実に目を向けてほしいのです。

日本語が真実をあますところなく表現できる完璧な言語であればいいでしょうが、日本語なりの制約があります。表現できない概念もありますし、文法的に曖昧さが完全に排除されているわけでもありません。

日本語だけで物事を考える人は「日本語というフィルターを通してでしか物事を考えられない」ことでもあります。白黒写真のカメラでは白黒写真しか撮れないことに似ています。ところが2色写せるカメラなら2色刷りの写真が、カラーで写せるカメラならカラー写真が撮れます。

日本語で物事を考えることがすべてだと思う方もいるでしょうが、外国語を学習すれば、日本語で物事を考えることは単に1つの方法に過ぎないとわかるのです。

複数の言語を学ぶと解釈の幅が広がる

アンビギュアス・フィギュア（Ambiguous figure）をご存じでしょうか？

直訳すれば「二通りに解釈できる絵」で、「多義図形」「だまし絵」という訳語もあります。その一例が「妻と義母（My Wife and My Mother-in-Law）」という絵です。

この絵を見て、ある人は「老婆」、別の人は「若い女性」と思うでしょう。

しかし、いったん「老婆」だと解釈した人は「いったいどこが若い女性だ？」と思うでしょう。その逆もしかりです。「ネックレスをした若い女性が背を向けているところ」をイメージした人は、「ネックレス」を「口」、「耳」を「目」だと解釈すれば「老婆の横顔」が見えてくるでしょう。

そう、少し見方を変えれば「若い女性」にも「老婆」にも見えるのです。

参考：ウェキペディア「妻と義母」W.E. ヒルによる絵、パブリック・ドメイン

アンビギュアス・フィギュアを利用した実験があります。「片方の見方を際立たせた絵」から「別の見方を際立たせた絵」まで10個程度作り、片方の見方から〝別の見方〟はでき

ないかを1枚ずつ考えさせる実験です。

次頁の図を見てください。

左端は「セイヨウナシ」、右端は「バイオリン」に見えるのは明らかですが、左端から2番目、3番目と移るにつれ「セイヨウナナシ」の特徴が少しずつ失われ、真ん中あたりは見方によって「セイヨウナシ」にも「バイオリン」にも見えてきます。

〝Ambiguous-figure task〟という実験では、左端の「セイヨウナシ」の図から1枚1枚、右の絵を見せていき、何枚目で「バイオリン」に変化したかを調べました。

この実験では、バイリンガルのほうがモノリンガルよりも早く「別の解釈」ができると気付いた（「別の解釈」にたどり着くまでに見たカードの数がより少なかった）と明らかになりました。

考えてみれば、私たちは世の中の現象を、五感を通して知覚し、その知覚を元に解釈します。しかし「あるもの」を知覚し、その知覚を元に解釈したとしても、それはあくまで〝自分の解釈〟にすぎず、他人とはまったく別の解釈ということもありえます。

実際、世の中には何通りにも解釈できる現象は、山のようにあります。なのに、〝自分

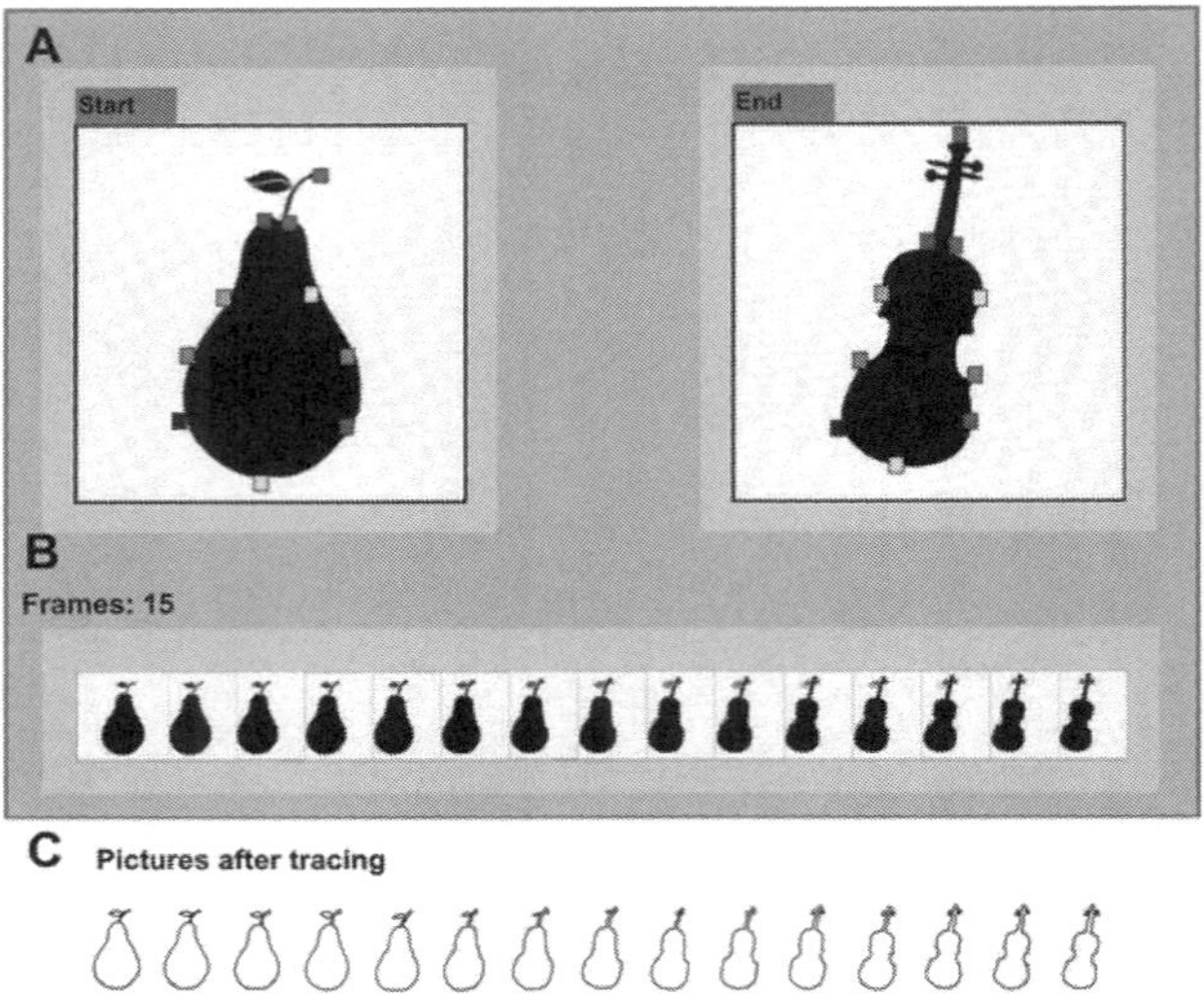

参考：ウェブサイト「Springer Nature」

の解釈〞が唯一の正解だと思い込むほど愚かなことはありません。そう思い込むほど、他の解釈をする他人と溝ができるでしょう。

たとえば、断片的な情報を得て「この人はひどい人だ」と解釈したとします。

しかしその知覚は完全だったのか、他の解釈はできなかったのか……と吟味してみると、「この人は親切な人だ」という新たな解釈ができるかもしれません。

ちょうど「若い女性」だと思ってい

た人が、少し解釈の仕方を変えただけで「老婆」にも見えるとわかったように……。断片的な情報を元に、だれかに対して偏見をもつと、その人との間に亀裂を生じかねません。

逆に、一つの解釈にこだわらず、ほかの解釈にも心が開かれている人は相手との間に亀裂が生じずにすむかもしれません。

バイリンガルのほうがモノリンガルよりも早く「別の解釈」ができると気付いた実験結果は、一つの解釈にこだわらずほかの解釈にも心を開く方法の一つとして外国語学習が役立ちうる、と示唆しているように思えます。

「多言語な人」よりも「複言語な人」を目指そう

外国語を学べば、否応なしに母国語とは異なる概念に遭遇しますから、視野が広がるきっかけになります。

ただ、外国語を学べばそれだけで本当に視野が広がるのでしょうか？

あなたのまわりの語学堪能な人を思い出してみてください。「外国語は堪能だけど、とても視野が広いとは思えない人」はいないでしょうか？

じつは、そんな人がいても不思議ではありません。外国語をいくら学んでも、それだけでは自動的に視野が広がるわけではないからです。


単に外国語が堪能なだけの人を、本書では「多言語な人」と呼ぶことにしましょう。

かつての私自身がそうでしたが、外国語を学ぶ動機が「受験に必要だから」「就職・転職に役立つ」「劣等感を払拭するのに役立つ」といったものだけなら、外国語学習が他文化や他人の理解に役立つ保証はありません。

一方、外国語を学ぶ究極の目的が「他文化や他人をより深く理解すること」と心得ている人は、言語能力と同時に「言語的寛容性」を身につけることもできます。

言語能力と言語的寛容性の両方を身につけた人を、本書では「複言語な人」と呼ぶことにしましょう。

残念な「多言語な人」にならないために

言語学者の鈴木孝夫氏は『日本語と外国語』の中で、次のように述べています。

「外国の文化や外国人のものの見方、考え方などを知るためには、そのつもりで専門的に研究することなく、ただ漠然と外国語に長時間接していても、あまり効果は上がらないというのが私の結論である」

私も同感です。私自身、中学時代から英語の成績は良かったものの、英語圏の社会や文化・歴史のことは無知で、学ぼうとすら思いませんでした。英語は単に偏差値の高い学校に進学するための手段にすぎなかったのです。

大学を卒業してから英語の教師や翻訳家として仕事をしていましたが、英語圏の社会や文化・歴史の勉強をしたわけではなく、単に〝英語ができるだけの人〟に過ぎませんでした。

当然、「創造的インターフェース」(「他人の視点も尊重しよう」と自ら創造した新しいものの見方のこと。詳しくは後ほど述べます）ができるわけがなかったのです。

〝多言語な人〟が英語を勉強するのは自分の利益のためでしかないのです。いい大学に入るため、学位を取るため、ビジネスで語学力を生かすため……といったことしか関心がなく、相手をより深く理解しようという気持ちなどないのです。

それが高じると、残念な〝多言語な人〟になりかねません。すなわち、英語がやたらできるものの、相手のことを小馬鹿にして常に壁を作る人です。

知人の話です。その人はよくイタリア語検定の話をしました。どのような問題集をやれば効率的に点数がとれるか、どのような時間配分でやればいいか……。

合格したら他人に自慢し、頼みもしないのに「問題集を貸してあげる」「あなたにぴったりな外国語のコースを教えてあげる」などとお節介を始めました。

スピーチコンテストに出ると決めたら、イタリア語がわからない知人友人までリハーサルに付き合わせたり、コンテストを見に来るよう誘ったりしました。

極めつきは、イタリア語会話の練習のためにイタリア人が経営する店で20分ほど雑談をしたというのです。そのイタリア人が喜んで雑談に付き合ったかはわかりませんが、もしかするとえらい迷惑だったかもしれません。私がそう思うのも、訪れた店にたまたまイタリア人がいてイタリア語で会話したのではなく、イタリア語会話をするためにその店を訪れたと聞いたからです。

じつは私自身、イギリス留学中、日本語会話を練習したいがゆえに私に近づく日本語学科のイギリス人がごまんといて辟易《へきえき》したことがあります。日本語会話の「練習台」にされていると感じたからです。

外国語がいくら堪能でも自分の利益しか考えないのなら、「多言語な人」止まりで、相手を尊重できる「複言語な人」にはなれないでしょう。せっかく時間と労力をかけて外国語を学ぶのなら、「多言語な人」で止まってはもったいなさすぎるのです。

複数の言語を学ぶと相手をより深く理解できる

私が哲学を勉強して本当に良かったと思う理由は、哲学を勉強したおかげで世の中にはいろいろな考え方があり、自分には正しいと思えないことであっても、他人の目から見れば正しく見えることも多々ある、とよく理解できたからです。

それが理解できなければ、自分の考えと異なる考えをもつ人と衝突するのは必至です。

ただ、皆が哲学の勉強をするわけにはいかないでしょう。

しかしいい手があります。外国語学習をすると「自分の視点だけが正しいわけではなく、自分とは異なる視点がある」と知る機会が頻繁にもてるので、哲学以上に効果的のように思えます。

京都大学名誉教授の大木充氏は、『マルチ言語宣言』の中で、次のように述べています。

「他の文化が理解できるようになると、自分の文化を相対化することができるようになる。自分の文化を絶対視せず、相対化するということは、他者の「文化的アイデンティティと多様性をさらに尊重」し、「よりよい相互理解」が可能になるということでもある。したがって、自分の文化をできるだけ相対化するためにはできるだけ多くの言語を学んだほうがいいということになる」

日本では、外国語といえば英語ばかりが注目されます。

しかし「他者の文化的アイデンティティと多様性をさらに尊重し、よりよい相互理解を心がけたい」と思えば、英語以外も学んだほうが効果的です。それだけ多くの視点に触れる機会がもてるからです。

努力しないと言葉は通じない

日本人的単眼思考のままだとどういう不都合があるのか。

じつは、「言葉が通じない」のは外国人と話すときだけではありません。日本人同士が話しても「通じない」ことは多々あるものです。

私の実例です。通っていたクリーニング店が閉店したので、別の店に入ったときのこと。

私は「これから先、この店を利用しようかな」と思いを巡らせていました。

ちょうどズボンのポケットに穴が空いたので、受付の店員にこう訊《き》いたのです。

「すみません、ここって修繕サービスってありますか？」

すると店員、むっと怒ったような表情でこう言い切りました。

「ないです！」

なぜ不機嫌になったのかわかりません。

（おかしな人だな、こんな人がいる店はやめておいたほうがいいかな……）と思い、「そうですか、わかりました」と店を出ることにしました。

ところが店員はさらに怒ったように「お金がかかりますよ！」と言い放ったのです。

その剣幕にあっけに取られた私は「また考えてから来ます」と店を出ました。

ここで日本人的単眼思考者の頭の中を覗いてみましょう。

（　）内は、心の声です。

私「すみません、ここって修繕サービスってありますかね？」

店員「(まぁ、タダで修繕やってもらおうってなんて図々しい人ね。ホント、こういう図々しい人って多いんだから……) ないです!」

私「(ただ〝単純な質問〟をしただけなのに何をそんなに怒っているの? おかしな人だな、こんな人がいるクリーニング店はやめておいたほうがいいかな?……) そうですか、わかりました」

店員「(あら、店出て行くつもりなの? こんな人には注意しておかなきゃ……) お金がかかりますよ!」

私「(さっき、修繕サービスはないって言ったじゃないか、何をおかしなことを言っているんだよ、この人……) また考えてから来ます」

店員「(ほら、金がかかるといったら出て行ったわ、まったく失礼な人ね)」

このように日本人的単眼思考だと、どうしても自分の解釈だけで物事を判断しがちです。相手は自分と異なる解釈をしていることがわからないからです。それではすぐに衝突しかねません。

よく考えてみてほしいのです。自分と同じ解釈の人って、どれだけいるでしょうか? 日本人同士でも誤解が生じるのですから、狭い解釈にとらわれてしまえば、自分とぴったり一致する人としか交流できなくなります。言葉も文化も異なる外国人とわかり合えるのは夢の夢になります。

独りよがりな言葉の使い手

日本人同士でも「言葉が通じない」例をもう一つ紹介しましょう。

以前、映画を見に行ったときのこと。私は窓口で「すみません、『ゼログラビティ』、大人1枚下さい」と言って切符を買いました。これが普通の会話だと思います。

ところが、私の後ろの客は、窓口で「ゼロ!」と言ったのです。

なんとぶっきらぼうな言い方かと思いました。当時『ゼログラビティ』以外に『永遠の0』も上映されていたので、「ゼロ!」では、どちらを指すのかわからないからです。

しかも横には子供がいました。パッと見ただけでは、彼一人で来たのか、子供を連れているのかがわかりません。

窓口の人は「『ゼログラビティ』のことでしょうか、『永遠の0』のことでしょうか」と訊きました。すると彼、今度は「永遠の0！」と言ったのです。窓口の人は「大人1枚でよろしいでしょうか？」と再び訊きました。

彼のようにぶっきらぼうに話すと、相手は2回も訊きかえさなければならないのです。

この例からも、コミュニケーションを円滑にはかろうとすれば、自分が置かれた状況を判断し、相手に伝わるような言葉の使い方をしなければならないとわかります。

外国語で話すときは言葉の意味、文法、発音、ニュアンスなどさまざまなことに気をつけなければ、相手に通じるかわかりません。したがって、慎重に言葉を選ぶよい練習になるのです。

手前味噌になりますが、私はいくつもの職場で、まわりから「何を言っているのかさっぱりわからない人が多いものだが、宮崎さんの言うことは非常によくわかる」と言われます。これも日ごろから外国人相手に会話の練習をしているおかげではないかと思います。

たとえば、職場に新人が入ってきた場合、新人はその職場特有の専門用語やその職場に関わりが深い固有名詞など知りません。なのに、自分が長年当たり前のように使っている言葉だからわかるはずだという思い込みで、ぶっきらぼうに伝えても、新人は「何を言っているのかさっぱりわからない」となりかねません。

相手の立場に立って「こういう言葉の使い方をしたら相手が理解できるだろうか」と自問して初めて、相手が理解しやすい言葉が選べるのです。

「こうあるべきだ」が強いと関係にひび

人間が作ったルールは、言語以外にもたくさんあります。

言語的寛容性を身につければ、言語以外に関しても、自分のルールを他人に押しつけることを控えられるのです。

私の昔の職場での話です。他部署から上司宛の書類を預かった私は、それを上司の机の上に置いておいたのですが、それを見た上司は私をこう非難しました。

「書類というものは後でファイルするわけだから、預かったらファイルしやすいようにパンチで2穴を開けることくらいしておけよ、気が利かないな君は」

私は釈然としませんでした。説明されていないのに、そんなことがわかるわけがありません。

最初から「書類を預かったらパンチで2穴を開けてください」と指示があったならともかく、彼は「自分が勝手に作ったルール」を説明せず、勝手に（それくらいわかってておけ）というわけです。

こういうのは「ルールの押しつけ」と言えるでしょう。もし私の勝手な判断で2穴を開けて、後で「2穴は開けて欲しくなかった」と言われても元に戻せないのですから。

コミュニケーションは、双方の誠実な努力が必要です。「こういうときはこうすべきだ」という自分勝手なルールを、相手に「暗黙の了解」としてわかっておけというのは、自分の努力不足といわざるを得ません。

人それぞれ、生まれ育った文化も違えば、価値観も言葉の使い方も違うのです。ましてや職場にはそれぞれのルールがあります。自分の尺度で「こういうときはこうすべきだ」

「こうあるべきだ」と押し通すと、相手との間にひびが入りかねません。

言語的寛容性が身につけば、カチンとこない

あなたは、日々カチンと頭にくることはありませんか？

（こういうときは、こうして欲しかったのに、してくれなかった）

（あの人は、自分の考えを押しつけてきた）

カチンとくる理由はさまざまでしょう。

しかし、言語的寛容性を身につければ、

（自分の考えがすべて正しいわけではないし、相手には相手の考え方があったのだろう）

と思えるので、カチンとくる前に相手を理解しようとするでしょうし、相手が期待どおりでなかったという理由で腹を立てることもなくなります。

ある知人は「高額なプレゼントをしたのに、お返しの品が安物だった」と怒りを爆発さ

せていました。しかしそれはその人が「これくらいの値段のプレゼントをしたら、少なくともこれくらいの値段の品のお返しをすべきだ」と勝手に期待していただけであり、相手と約束したことではありません。

また私は、別の知人から「俺が留守番メッセージを残したのにすぐに返事をくれなかった。普通は遅くとも1~2時間のうちには折り返すものだよ」と怒られたことがあります。約束などしなかったにもかかわらず怒られたのです。

言語的寛容性を身につければ、このように自分の考えを押しつけてくる人に出会っても、その人と正面衝突しなくてすむようになります。

「この人はそれが正しいと言っているけど、勝手にそう思っているだけだ」と距離が取れるからです。そして深く関わりさえしなければ、腹立たしい事態には発展しません。

「絶対正しいわけではない」という視点

先ほどのクリーニング店での会話を思い出してください。

私が「すみません、ここって修繕サービスってありますかね？」と訊いたことで店員は「ないです！」と答えたわけですが、もし私が店員の態度にカッと腹を立てれば二人の間の溝は深まるばかりです。

しかし、もし私が「創造的インターフェース」をもてば、相手に対して腹を立てにくくなります。

「創造的インターフェース」とは「他人の視点も尊重しよう」と自ら創造した新しいものの見方のことで、クッションのような役割を果たします。

私が「すみません、ここって修繕サービスってありますかね？」と訊いて店員は「ないです！」と答えたわけですが、「創造的インターフェース」をもっていれば、いろいろと解釈を巡らせることができます。

たとえば……（店員は腹を立てたようだが、私が使った〝修繕サービス〟という言葉を、私が使った意味とは別の意味で解釈したのかな。〝サービスしてくれ〟といえば、人によっては〝タダでやってくれ〟と言われた感じがするのかもしれないな。〝サービス〟という言葉を、別の言葉に代えて訊き直してみよう）

そう思いが巡れば、「修繕費をお支払いすれば、修繕していただけますでしょうか?」と訊き直すこともできます。

あるいは、「修繕費はお支払いするつもりで言ったのですが……」と自分の意図を明確に伝えることもできます。

そうすれば、相手も私が修繕費を払おうとしているとわかるので、誤解が解けるかもしれません。

あるいは……(店員は腹を立てたようだが、私の言動を誤解したのかな。単に質問しただけで、悪気はなかったのに)

そう思いが巡れば、「すみません、私は単純に質問をしただけで、何も悪気はなかったのですが、何かお気に障るようなことを言ったでしょうか?」と訊くこともできます。

店員が立腹した理由がどうしてもわからなければ、そのまま距離を取れば(「そうですか、わかりました」と言って退店するなどすれば)、口論にはならないのです。

「売り言葉に買い言葉」というとおり、ちょっとした言葉の使い方が大げんかの元になることはよくあります。カッと腹が立っても、自分さえ黙ってさえいれば口論には発展しないのです。

ところが世の中のほとんどの人は、自分が「こういう言葉はこういうときに使うものだ」との思い込みに縛られているため、自分と他人の言葉の使い方にギャップがあると、自分の基準で他人を「おかしなことを言う人だ」と裁いてしまうのです。

外国語学習の最大のメリットとは

外国語を学ぶだけで言語的寛容性が身につくのかというと、そうではありません。

私自身、英語、英語、英語……と英語漬けだった昔をふりかえると、当時は「英語が堪能だと思い込んでいる偏狭な考えをした男性」にすぎず、とても言語的寛容性などもち合わせていませんでした。

では、「創造的インターフェース」をもつには、何に留意するといいか？

創造的インターフェースとは、「他人の視点も尊重しよう」と自ら創造した新しいものの見方のことでしたね。

もし「この人はおかしなことを言う人だ」と思える場面に出くわしたら、すぐさま相手を断罪するのではなく、三段構えで接するよう心がけます。

①自分の言葉の使い方と相手の言葉の使い方が異なっていただけではないかと自問し、相手に「この言葉はこういう意味でおっしゃっているのですか」などと尋ねてみる。
②相手が言った言葉の裏にはどのような事情があったのか尋ねてみる。
③相手を理解しようと努めても、相互理解にむすびつきそうになければ、いったんその人とは距離を取り、無駄な口論は避ける。

相手を理解したければ、自らの殻を破り、自ら率先して理解に努めなければなりません。母国語のみの世界でも「創造的インターフェース」をもつ努力はできますが、外国語学習をする際には、相手を理解しようとするほど、自ら率先して相手に近づかなければなりませんので、「創造的インターフェイス」をもつ良い機会になるのです。

私は外国語学習の最大のメリットの一つは、「創造的インターフェース」がもてることだと思います。実際、私は多くの言語を学習してきたおかげか、他人の言うことが理解できない場合でもすぐにその人を断罪しなくなりましたし、誰に何を言われても傷つかなくなりました。

これこそ「創造的インターフェース」のなせるわざだと信じています。

おわりに

序章でも述べましたが、私は50歳になる寸前のある日、図書館に籠《こ》もって一心不乱に英語の書籍を読んでいるとき、ふと全身に電流が走るかのような衝撃を受けました。

衝撃があまりにも強烈だったため、外国語を学ぶ素晴らしさを伝えることが自分の使命だと感じるようになり、その後さまざまな活動に取り組んできました。

私自身が多言語を学ぶかたわら、全額自腹でボキャブラリーコンテストを主催したり、講演会や勉強会を開催したり……。そんな私がもっとも望んでいたことは、多言語を学ぶ素晴らしさを伝える本を出版することでした。

多言語学習を開始したのは12年前ですが、それ以降、多言語学習の効果に関する書籍や論文にも自然と目を通すようになり、驚くべき「いいこと」がたくさんあると知るに至りました。単に外国語の書籍がダイレクトに読めるとか、外国語の映画・動画が楽しめる……といったことだけではなかったのです。

たとえば、言葉が洗練される、ワーキングメモリが増大する、記憶力が良くなる、推論能力が高まる、認知症予防になる……。

さらに、外国語は読めたり聴けたりできれば十分と思っていた私が、スピーキングの魅力にも気づきました。すなわち、外国人との会話が楽しめるだけでなく、最高の脳トレになり、言語的寛容性も身につけられる……。

かくして多言語学習の素晴らしさを実感すればするほど多言語学習に関する本を出版したいという気持ちがますます高まるのでした。そんな折、幸運にも青春出版社さんとご縁があり、実現に至ったのです。まさに感無量です。

外国語学習は何歳からでもできます。まったくのゼロからでもできます。日本国内だけでもできます。外国人の知人友人がいなくてもできます。それほどお金をかけなくてもできます。それでいて多種多様な楽しみ方ができます。しかも人間的にも成長できます。新しい可能性が開けてくることもあります。まさにいいことだらけなのです。

本編では、私が8か国語（英語、ドイツ語、フランス語、イタリア語、スペイン語、中国語、韓国語、ロシア語）を身につけるまでの話を述べてきました。

じつは、これらに加え、私にとって9か国語目となるタイ語を昨年から学び始めました。まだ入門レベルですが、2025年中に実用タイ語検定試験5級を受験しようと計画しています。

多言語を学習することで「未知なもの」「異質なもの」にチャレンジする喜びを知ってしまった私にとって、新しい外国語は喜びの源泉になっており、学習意欲は60歳を超えても一向に衰えないどころか、ますます強くなっており、将来どこまで学べるかを想像すると自分でも楽しみです。

さあ、あなたも今日から新しい外国語にチャレンジしてみましょう！

本書が新しい外国語を学ぶきっかけになれば、著者にとってこれにまさる喜びはありません。

2025年　春

宮崎伸治

おもな参考文献

加藤俊徳『一生頭がよくなり続けるすごい脳の使い方』サンマーク出版、２０２２年
竹内理『より良い外国語学習法を求めて』松柏社、２００３年
中津燎子『なんで英語やるの？』文藝春秋、１９７８年
ピーター・フランクル『ピーター流外国語習得術』岩波書店、１９９９年
船橋洋一『あえて英語公用語論』文藝春秋、２０００年
國弘正雄編、千田潤一『英会話・ぜったい・音読』講談社インターナショナル、２０００年
上田明子、松本道弘、渡部昇一『日本人はなぜ英語に弱いのか 達人たちの英語術』教育出版、２００３年
平泉渉、渡部昇一『英語教育大論争』文藝春秋、１９９５年
成毛眞『日本人の９割に英語はいらない』祥伝社、２０１１年
鈴木孝夫『日本語と外国語』岩波書店、１９９０年
井上孝夫『世界中の言語を楽しく学ぶ』新潮社、２００４年
速水敏彦『内発的動機づけと自律的動機づけ』金子書房、２０１９年
橋本陽介『７カ国語をモノにした人の勉強法』祥伝社、２０１３年

橋本陽介『使える語学力 7カ国語をモノにした実践法』祥伝社、2015年
大石晴美『脳科学からの第二言語習得論』昭和堂、2006年
大木充、西山教行編『マルチ言語宣言 なぜ英語以外の外国語を学ぶのか』京都大学学術出版会、2011年
丸山圭三郎『言葉とは何か』筑摩書房、2008年
ガブリエル・ワイナー著、花塚恵訳『脳が認める外国語勉強法』ダイヤモンド社、2018年
田中茂範、阿部一『確かな英語の力を育てる 英語教育のエッセンシャルズ』くろしお出版、2021年
ガイ・ドイッチャー著、椋田直子訳『言語が違えば、世界も違って見えるわけ』早川書房、2022年
今井むつみ、秋田喜美『言語の本質』中央公論新社、2023年
Viorica Marian『Power of Language』Pelican Books、2023年

青春新書
INTELLIGENCE

こころ涌き立つ「知」の冒険

いまを生きる

"青春新書"は昭和三一年に――若い日に常にあなたの心の友として、その糧となり実になる多様な知恵が、生きる指標として勇気と力になり、すぐに役立つ――をモットーに創刊された。

そして昭和三八年、新しい時代の気運の中で、新書"プレイブックス"にその役目のバトンを渡した。「人生を自由自在に活動《プレイ》する」のキャッチコピーのもと――すべてのうっ積を吹きとばし、自由闊達な活動力を培養し、勇気と自信を生み出す最も楽しいシリーズ――となった。

いまや、私たちはバブル経済崩壊後の混沌とした価値観のただ中にいる。その価値観は常に未曾有の変貌を見せ、社会は少子高齢化し、地球規模の環境問題等は解決の兆しを見せない。私たちはあらゆる不安と懐疑に対峙している。

本シリーズ"青春新書インテリジェンス"はまさに、この時代の欲求によってプレイブックスから分化・刊行された。それは即ち、「心の中に自らの青春の輝きを失わない旺盛な知力、活力への欲求」に他ならない。応えるべきキャッチコピーは「こころ涌き立つ"知"の冒険」である。

予測のつかない時代にあって、一人ひとりの足元を照らし出すシリーズでありたいと願う。青春出版社は本年創業五〇周年を迎えた。これはひとえに長年に亘る多くの読者の熱いご支持の賜物である。社員一同深く感謝し、より一層世の中に希望と勇気の明るい光を放つ書籍を出版すべく、鋭意志すものである。

平成一七年　　刊行者　小澤源太郎

著者紹介

宮崎伸治〈みやざき　しんじ〉

1963年、広島県生まれ。青山学院大学国際政治経済学部卒業。英シェフィールド大学大学院言語学研究科修了。大学職員、英会話講師、産業翻訳家を経て、34歳で出版翻訳家デビュー。50歳以降に英語だけでなくドイツ語、フランス語、中国語など計8か国語を本格的に学び始め、現在は英語・翻訳関係の資格20種類以上を含む、137種類の資格保持。おもな語学系の資格は、英検1級、独検2級、仏検準2級、伊検3級、西検4級、中検3級、HSK5級、TOPIK1級、ハングル能力検定5級、ロシア語能力検定4級など。

著書『出版翻訳家なんてなるんじゃなかった日記』(三五館シンシャ)、ベストセラーとなった訳書『7つの習慣 最優先事項』(キングベアー出版)をはじめ、著訳書は60冊以上。

50歳《さい》から8か国語《こくご》を身《み》につけた
翻訳家《ほんやくか》の独学法《どくがくほう》

青春新書
INTELLIGENCE

2025年2月15日　第1刷

著　者　宮《みや》崎《ざき》伸《しん》治《じ》

発行者　小澤源太郎

責任編集　株式会社プライム涌光

電話　編集部　03(3203)2850

発行所　東京都新宿区若松町12番1号 〒162-0056　株式会社青春出版社

電話　営業部　03(3207)1916　振替番号　00190-7-98602

印刷・中央精版印刷　製本・ナショナル製本

ISBN978-4-413-04716-6